2008年浙江省社科联社科普及重点课题

"我在麻省理工学院做高访"成果，课题编号：2008-7

2009年浙江大学宁波理工学院教改研究课题

"跨学科语言学课程实践教学研究"成果，课题编号：NITJY-200904

语言研究的跨学科视角：
语言、大脑与记忆

Language, Brain and Memory:
Some Interdisciplinary Approaches to Linguistics

吴会芹⊙著

ZHEJIANG UNIVERSITY PRESS
浙江大学出版社

图书在版编目 (CIP) 数据

语言研究的跨学科视角:语言、大脑与记忆 / 吴会芹著.
—杭州:浙江大学出版社,2012.8
ISBN 978-7-308-10335-0

Ⅰ.①语… Ⅱ.①吴… Ⅲ.①语言学－研究
Ⅳ.①H0

中国版本图书馆 CIP 数据核字(2012)第 178410 号

语言研究的跨学科视角:语言、大脑与记忆

吴会芹 著

责任编辑	朱 玲
封面设计	续设计
出版发行	浙江大学出版社
	(杭州市天目山路 148 号 邮政编码 310007)
	(网址:http://www.zjupress.com)
排 版	杭州中大图文设计有限公司
印 刷	富阳市育才印刷有限公司
开 本	880mm×1230mm 1/32
印 张	8.375
字 数	220 千
版 印 次	2012 年 8 月第 1 版 2012 年 8 月第 1 次印刷
书 号	ISBN 978-7-308-10335-0
定 价	30.00 元

浙江大学出版社发行部邮购电话(0571)88925591

前　言

近年来,以麻省理工学院(Massachusetts Institute of Technology,简称 MIT)为题材的著作或读本已经很多,有的讲述的是 MIT 杰出人士的求学故事(见彭小云,2007),有的是从理工科角度探讨 MIT 的办学思想(见部承远,刘宁,1996),还有的是介绍 MIT 及相关生活和学习状况(见蒋江敏,2008),更多的图书则来自译著,其主题涉及 MIT 的办学经验(见埃兹科维茨,2007),MIT 在企业管理方面的成败(见尤西·谢菲,2008),MIT 校长的国际化视野等(见维斯特,2008)。近年来,围绕 MIT 的开放课件(参见丁兴富,王龙,2004;孙爱萍,2007;顾晔,余美月,2008;王龙,2008;等等)、人才培养(参见王海芳,杨新元,2007;史佩栋,2001;等等)及技术转让(参见田旻,曹兆敏,2007)的论文也取得丰硕成果。上述出版物内容丰富,角度各异,但总的来说其主题多围绕 MIT 的理工学科。然而,MIT 不仅是全美赫赫有名的理工类大学,她的人文与社会学科的发展也同样成为全美的一流学科。尤其值得一提的是,MIT 的语言学多年来在美国大学研究生教育质量评定中始终名列第一。但是,MIT 的语言学课程设置及教学活动在国内却鲜有报道,只是偶见开放课件对我国大学英语教育的启示等相关论文(参见杨平展等,2007;顾晔等,2008)。

MIT 的语言学发展如此之迅速,并始终引领世界学术之潮流,其主要原因在于 MIT 自始至终坚持文理并重的办学理念和文理交叉发展的办学宗旨。然而，迄今为止，从跨学科视角审视 MIT 的语言学发展体系的著作非常罕见。

本著作首先从跨学科视角介绍了 MIT 的语言学项目，然后分别从生物语言学、神经语言学、脑科学、计算语言学、语言哲学、语言记忆心理学等多个视角介绍了当今西方语言学跨学科发展的最新动向，其内容几乎涵盖了所有与语言学相关的边缘学科，代表了西方语言学主流文化发展的趋向，是一部将语言学理论、语言教学实践、语言障碍问题研究与大脑的记忆开发融为一体，以通俗的语言阐述深奥理论的学术著作。希望本著作的出版能为我国语言学的发展带来有益的启示。

参考文献

1. 埃兹科维茨著，王孙禺等译. 麻省理工学院和创业科学的兴起. 北京：清华大学出版社，2007.

2. 丁兴富，王龙. 麻省理工学院开放课件运动述评. 中国电化教育，2004(10)：74－78.

3. 顾晔，余美月. 麻省理工学院外语开放式课件对我国英语教育的启示. 中国高等医学教育，2008(1)：85－86.

4. 郜承远，刘宁. 麻省理工学院/世界著名学府. 长沙：湖南教育出版社，1996.

5. 蒋江敏. 陪读春秋. 广州：广东经济出版社，2008.

6. 彭小云. 世界名校故事. 北京：军事谊文出版社，2007.

7. 史佩栋. 介绍美国麻省理工学院的一本土力学教材（T. William Lambe & Robert V. Whitman：Soil Mechanics, SI Version）. 岩土工程界（GEOTECHNICAL ENGINEERING WORLD），2007(1)：24－25.

8. 孙爱萍. 对我国远程教育课程资源建设的若干思考——来自麻省理工学院开放课件项目的启示. 浙江教育学院学报，2007(5)：35－39.

9. 田旻，曹兆敏. 麻省理工学院技术转移经验及借鉴. 中国高校科技与产业化（CHINESE UNIVERSITY TECHNOLOGY TRANSFER），2007（1）：75－78.

10. 维斯特著，蓝劲松译. 一流大学 卓越校长——麻省理工学院与研究型大学的作用（北大高等教育文库/大学之道丛书）. 北京：北京大学出版社，2008.

11. 王龙. 创新推广理论视角下的麻省理工学院开放课件项目. 中国远程教育，2008（1）：20－24.

12. 王海芳，杨新元. 麻省理工学院对我国理工科院校的发展启示. 科技信息，2007（4）：17－18.

13. 尤西·谢菲著，杨晓雯等译. 柔韧：麻省理工学院供应链管理精髓. 贵阳：贵州人民出版社，2007.

14. 杨平展，王斌，罗兴元. 麻省理工大学的开放课件对我国大学精品课程建设的启示. 湖南第一师范学报，2007（2）：48－30.

吴会芹

2012 年 3 月

目 录

语言篇

记忆篇

语言篇

在世界范围内，将语言学融入自然学科范畴，对语言进行跨学科研究的典型代表当属MIT。乔姆斯基创建的生成语言理论不仅使计算机语言学得到迅猛发展，而且还促进了生物语言学、神经语言学等新兴学科的发展。受此影响，MIT的语言学在认知科学、脑科学等领域连年获得重大突破。本篇首先介绍MIT的跨学科语言学项目，包括语言与脑认知科学的跨学科研究项目以及MIT与哈佛大学的跨学科语言教学项目。然后从生物学视角介绍目前西方语言学的发展态势、生物语言学发展过程中的几个著名假设以及人类大脑的几个语言功能区，并就近期学界关于语言基因FOXP2的热门话题进行了介绍。本篇还选用英语、汉语等语料，深入浅出地解释了生成语法中的几个概念，并用大量的树形图直观展示了具有不同表层结构的各种语言其实表现出同一底层结构，从而说明人类语言存在的共性，同时向读者解释了什么是人类语言的"普遍语法"。

第 1 章　语言研究的跨学科视角：
麻省理工学院语言学项目

2007 年秋、冬两季，我到美国麻省理工学院（Massachusetts Institute of Technology，简称 MIT）语言哲学系进行了为期六个月的访问。本章将从语言研究的跨学科视角探讨 MIT 的语言学项目，希望为我国的语言教学与研究带来有益的启示。

1.1　MIT 语言学项目的跨学科特征

MIT 的语言学项目包括本科项目和研究生项目，这与我国大学的项目没有太大的区别。唯一的区别在于，我国的研究生项目又可分为硕士项目和博士项目，而 MIT 的研究生项目则包含了硕博研究的两个阶段，该项目无论是时间长度还是难易程度，都排在世界最前列，其时间跨越少则五年，多则八年。

从课程结构的设置来看，乍一看，麻省理工学院语言哲学系的语言学课程没有太多的跨学科内容，如本科生项目课程有"语言学概论"、"音系学"、"句法学"、"语言习得"、"双语语言研究"以及"语言学专题研讨"、"心理学"等，研究生项目课程有"专题研究：音系、句法和语义理论的运算和可学性"、"儿童语言障碍研究"、"句法、语义研讨班"、"语言学专题研究：Gungbe、Haitian 中介语句法比较"、"语言学专题研究：语调"、"语言与结构：语义学与语用学"、"生僻语言语法问题研究"等。然而，细心的人从这些课程的设置中总能揣摩出其语言学发展的跨学科倾向。首先，从系别设置来看，将语言学与哲学划分到一个系别之中，这一设置本身充分体现了 Chomsky 的语言学应与其他学科交叉发展的思想理念。其次，MIT 的语言课程设置与我国的语言学课程设置有很大的差异：MIT 语言哲学系设置了语言学和哲学两个方向。语言学项目又称语言学与心理学项目，旨在让学习者密切跟踪哲学、语言学、认知学等交叉学科发展的新动向，尤其是对语言自然属性的研究，即语言知识习得的内在基础。第三，除了必修课程之外，学生还必须选修部分课程并获得学分。选修课既可以是跨学科、跨专业课程，如语言学专业学生选修脑与认知科学系的"模块与细胞神经科学"（Molecular and Cellular Neuroscience）、"系统与神经科学"（System & Neuroscience）、"突触传递的生化学和药理学"（Biochemistry and Pharmacology of Synaptic Transmission）、"动物行为"（Animal Behavior）、"心理与机器"（Mind & Machine）等，也可以是选修跨学院课程，如 MIT 学生选修哈佛大学的相关课程。

1.2　MIT 语言学项目体系

MIT 的语言学项目在课程设置上都无一例外地围绕着 Chomsky 的"普遍语法"语言哲学思想。无论是对针对语言本体的音系学、句法学、语义学、语用学，还是针对语言学的边缘学科如"计算机理论"、"儿童语言障碍"等课程，其研究的核心内容始终是对 Chomsky 的普遍语法的论证。如"普通语言学"课程为语言学研究提供了概念释疑及理论支持，"句法学"课程为发现自然语言所蕴含的规则以及运用这些规则创造性地使用语言提供了原则和方法；"双语语言研究"使人们懂得人的大脑能够同时有效地掌握多种语言；

"计算机理论"为自然语言的蕴含法则提供了科学技术验证;"儿童语言障碍研究"课程则让学生懂得,掌管语言的语言官能一旦发生损伤,其外在的语言形式也会表现出一定的缺陷。

1.3　MIT 的多元语言教学活动

MIT 的语言学项目既保留了以主讲教师为主要角色的传统授课方式,如"语言学导论"(Introduction to Linguistics),同时也开展了围绕语言学热点问题的系列专题研讨。该研讨班均由资深教授担任主讲,其教学班级规模不等,多则五六十人,如"语言学导论"(Introduction to Linguistics),少则六七人,如"儿童语言紊乱"(Language Disorder in Children)。班级人员的组成没有专业限制,除本专业学生外,还有来自不同专业背景的学生。兵工坊(workshop)是以学生为主导的交流平台,通常先由学生将自己的论文初稿拿出来与师生交流,然后再根据反馈意见对论文做进一步修改,直到最终成稿。教师的教学也呈多元化,一门课程的教学任务通常由几个老师在不同时段轮流承担。有时,一个班级在同一教学时段由两三个教师甚至更多的教师共同承担,如"句法学概要"(Introduction to Syntax)由 Degraff 和 Iatridou 共同承担,"句法学议题:作格研究探讨会"(Topics in Syntax:Ergativity Research Seminar)则由 DeGraff, Fox, Iatridou, Pesetsky, Richards 等五位老师同时担任辅导。这种教学方式并非几个老师轮流上课,而是在同一个时段为同一个班级教授。这些教师或来自同一专业但研究兴趣不同,或来自不同的专业背景。他们在同一个课堂从不同角度与学生共同探讨许多跨专业、跨学科的研究议题,其丰富多彩的教学形式构成 MIT 语言教学与研究的特色之一。最为活跃的活动堪称语言学兵工坊。很多时候,持不同见解的教师和具有不同学科背景的学生常常就某个问题争论不已。这些活动使学生的表述能力得到了充分锻炼，他们的抽象思维能力也迅速得以提高，从而为博士论文的写作打下坚实的基础。

MIT 秉承开放、勇于创新的教学理念，他们想尽办法为学生提供更多的机会，尽可能为每一位同学增加领略优秀教师教学风格的机会。如大家熟悉的"句法学"课程，有时由 Novin 承担，有时则由 Pesetsky 承担。而"语言学导论"课程的主讲教师有时是 Pesetsky 教授，有时则是 Flynne 教授。这些教师虽教学风格各异，但都深受学生的喜爱。

MIT 非常注重学生实践能力的培养，研究生必须承担教学助理 (Teaching Assistant，简称 TA)工作，这就增加了他们与授课教师的交流机会。作为教师与学生之间的纽带，教学助理既能让老师尽快了解学生的各种疑惑，同时，通过听取教师的答疑，他们也逐渐了解了许多问题的解答方法和技巧。此外，教学助理还必须每周主持一次小组讨论会，并在讨论会上作报告发言，这就为其日后组织、主持学术会议打下了基础。

1.4　MIT 语言学项目与兄弟院校的交流

为了能与外界人士进行充分交流，麻省理工学院还常常组织系列演讲活动，来宾演讲团系列活动(Colloquium Series)便是其中的一例。每学期初始阶段，语言哲学系网站的事件列表(events)一栏都会列出相关活动的通知，前来讲学的知名人士多达 10 多位。通知中除了介绍来访贵宾的演讲题目及摘要以外，有时还会应来宾要求做特别安排，如为有兴趣的老师或学生安排小组讨论或私下交流。由于他们的日程安排较为紧凑，所以有私下交流需求的人需要通过电子邮件提前预约，以便安排单独的会面进行个别交流。来宾演讲团系列活动为广大师生的学术交流提供了良好的平台,使学术资源在最大程度上得到共享,并在各兄弟院校间架起了学术沟通的桥梁。在来宾演讲团的影响下,每年来自全美各院校的博士生代表也会济济一堂,他们将自己的思想与在会人士分享。有时,与会人员会就发言人的某些观点提出质疑,有时甚至引发争议。正是通过质疑乃至争议,发言人才有可能从新的视角对自己的思想和观点做出更加严谨周密的思考。每年的来宾演讲团系列活动及博士生交流活动都会向来自世界各地的访问学者开放,成为他们了解世界相关研究发展的窗口。

麻省理工学院语言哲学系充分利用各个办公室外围的开放空间,较大空间的大厅安置了圆形沙发、桌椅、白板,还有简易的会议桌,只要人们随意就座,就能方便地进行交流。小小的立地白板虽然价格低廉,但在学术交流时却显得举足轻重:将简易的树形图画在上面,就能直观地再现语言的句子结构。在靠近阅览室的狭小区域,为广大师生配置了四台免费使用的电脑和一台大型无线打印机,只要输入用户名及密码,就可以免费使用。虽然这里的面积较小,但还是摆放了一些进行学术交流时必备的设施,如沙发、茶几、白板等,当然地板上随处可见的电源插座也是必不可少的。

1.5 MIT 的学科建设交叉化

翻开 MIT 的建校史,我们能够清晰地把握这一著名高等学府的办学理念。虽然 MIT 自 1861 年创建以来始终被认为是一所以理工科为主导学科的大学,但其人文学科的快速发展使它成为一所享有盛名的综合性大学。罗杰斯院长在 1865 年建校之初曾提出"不仅能传授工艺技能,还要为学生打好理论基础"的办学宗旨;沃克院长在课程设置中增加了社会科学的内容;康普顿院长通过建立人文学研究室，确立了社会科学的重要地位；吉里安院长指出需要在社会科学与人文学之间建立联系，并于 1948 年成立了人文学与社会科学分院，后又增设政治学系、心理学系和哲学系。作为转换生成语法的诞生地，MIT 语言学的学科发展和课程设置始终体现着学科交叉的思想：计算机理论课程是从计算语言学、自然语言处理以及人工智能等角度研究语言的交叉学科，这在很大程度上应归功于生成语法的奠基人 Chomsky，正是 Chomsky 的句法理论才使得机器翻译这一世界难题得到迅猛的发展。"儿童语言紊乱"课程是一门集脑神经科学与语言学理论为一体的交叉学科课程。初来乍到的人起初可能会觉得 MIT 纷繁复杂的语言学课程有些已经偏离了语言学的轨道，然而，当我们亲临课堂，零距离接触每一门课程的内容后，便会切身体会到 Chomsky 为什么将人类语言称为"自然产物"（a natural object）了。Chomsky 关于语言初始状态的假说使 MIT 的语言教学及研究走向文理并重的轨道，这不仅主导了语言学自身的发展，也同时带动了许多交叉学科的发展。神经语言学的兴起便是一例，她的发展使得与语言相关的疾病研究有了重大发现。生物语言学是以语言学为主导的交叉学科发展的另一例，她的出现为揭开人类语言器官的奥秘提供了一定的生物基础。在 MIT，人们处处感受到，作为自然产物的语言，其高端科研成果不再属于语言学专家的专利，在生物、计算机、脑神经等自然学科专家、学者、博士、博士后乃至在校本科学生当中，语言学方面的重大科研成果已经屡见不鲜。

Chomsky 的语言学思想不仅对 MIT 语言学科的发展产生重大影响，对学院内其他学科的发展也同样产生了影响。已有 40 年历史的 MIT 脑认知科学系是一个集神经科学、生物学和心理学专家为一体的跨学科教学研究合作的典范，来自不同学科背景的专家的不同思想在此发生激烈碰撞，擦出揭开人类大脑语言官能奥秘的思想与技术的火花。由著名认知神经专家 Gabrieli 负责的认知试验室配备了价格高昂的功能性核磁共振仪器设备(fMIR),许多语言学家对大脑语言区域损伤病人的研究成果就是源自这个设备的实验数据。认知与脑科学系也曾是 MIT 第十六任院长 Hockfield 曾经工作过的地方,Hockfield 院长鼓励各院校、系部、跨学科实验室与中心之间的通力合作,以保证学院始终处于创新的前沿地位。她相信,学院在工科方面的强大优势以及传统的建筑设计、管理和人文、艺术、社会科学方面的得天独厚,保证了学院有能力迎接新时期的最大挑战[①]。

而在距 MIT 仅数英里之遥的哈佛大学,由《生物语言学》期刊编辑 Cedric Boeckx 教授担任主讲的"生物语言学"课程,以及由 Hauser 创办并担任主讲的认知进化实验室(CEL Lab),已成为"生物语言学"学科快速发展的重要标志,与 MIT 早已存在的认知与神经科学系并肩矗立于美丽而宁静的查尔斯河畔,分别从生物学、脑神经学和心理学等角度,共同为 Chomsky 的普遍语法提供立论的依据或反证。

1.6　MIT 语言学项目教学、科研的密切合作

MIT 十分注重培养学生的创新思维能力和勇于挑战的研究精神,鼓励学生选择生僻语言进行研究并做田野调查,鼓励学生间的学术合作,鼓励非母语学员与母语学员或朋友间的合作,鼓励学员进行生僻语言的语料采集和研究,鼓励学员对非常态下的语言缺陷问题进行研究,鼓励师生合作、校际合作,鼓励学生组织并主持专家学术报告会,鼓励访问学者与资深教授零距离对话……其灵活多样的学术活动(conference, ling.-lunch, Phonology Circle, lab meeting, LF Reading Group, seminar, workshop, colloquium series, Morph

---

① 参见 Biography Susan Hockfield. http://web.mit.edu/hockfield/biography.html.

Beer, and Brain & Language)最大限度地促进了专家、师生的合作、校际间合作及跨学科合作，使新思想、新观点、新假设不断在争议与碰撞中成熟起来。

1.7　MIT 的开放教学

MIT 秉承的开放办学理念不仅体现在其教学与学术资源对学院内部的开放，还体现在对来自世界各地的访问学者的开放。MIT 的开放课件（MIT Open Course）堪称学院开放办学理念的巨大的可触摸的实体（王龙，2008），该项目不仅获得了世界范围的广泛认同，而且还带动了全球高等教育机构、远程教育机构、非营利性机构以及商业性机构的积极参与。MIT 还为来自世界各国的访问学者提供了免费的内部网络使用权，每一位访问学者都可以免费借阅图书资料，免费访问学院内部资源，免费下载所选课程的任何资料，免费使用电脑、打印机等办公设备。他们还为访问学者提供了专用办公区域，配备了电脑、网络、打印机等设备。访问学者不仅可以选修语言学课程，还可以跨专业甚至跨院校选修哈佛大学的任意课程。MIT 的信息向每一位访问学者开放，相关学术活动信息都会在第一时间发送到每一位教师、访问学者及学生的电子邮箱。MIT 与哈佛大学建立了经常性学术往来，双方每周都有大量的学术讲座、学术研讨、专题讨论等活动信息。学院与美国及世界各地其他兄弟院校建立了广泛的交流，专家学者常来常往，有些活动的组织者还为大家预留了单独答疑时间，只要提前与组织者联系，便能获得与专家单独交流的机会。学院还鼓励广大访问学者将自己的成果与专家学者分享，访问学者可以举办讲座及公开演讲活动。这些活动不仅最大限度地锻炼了自己的学术交流能力，同时，通过将自己的学术及科研成果与各位专家学者分享，对于访问学者来说将会是一种最大的学术收益。

1.8　MIT 的开放教学对全球教育的影响

MIT 的开放教学已对全球教育产生重大影响。

2000 年,当 MIT 教育技术委员会提出要启动的开放课件计划（MIT's Open Course Ware,以下简称 OCW）这个庞大的宏伟蓝图——计划在未来的 10 年内通过网络发布 MIT 所有的课程资源,免费向全球开放时,这一项目给世界以极大震动。据统计,2003 年 9 月 30 日 MIT 正式对外发布了 500 门课程,2004 年 4 月 1 日,又新增了 201 门课程。到 2008 年为止,MIT 已把所有课程的核心资料全部发布到网络上。如今,MIT 的开放课件项目已经带动了世界范围的大型公益课堂活动。哈佛大学、耶鲁大学、牛津大学、剑桥大学等世界顶尖级高等学府已经加入其中,并在全球范围内建立了国际开放课件联盟（OCWC）,其内容涵盖了包括自然科学、工程学和人文社会科学的主要学科,其中不乏与人类生活息息相关的心理学课程如哈佛大学的"幸福课"、加州大学洛杉矶分校的"家庭与夫妇心理学"等。2010 年 11 月 1 日,网易加盟 OCWC,成为 OCWC 在中国境内的企业联盟成员。网易企业的加入极大地推进了 OCWC 项目在中国的传播。继 OCWC 之后,我国越来越多的名校也陆续推出了视频公开课程,如北京大学、清华大学、浙江大学、复旦大学等。

MIT 的开放教育折射了维斯特校长所倡导的办学理念:虽然开放式课程在这个市场驱动的世界看起来似乎与众人的直觉相反,并与现在的物质价值观似乎背道而驰,但这正是 MIT 办学价值的最好写照,因为她向世界传达了"如何提升教育"的理念,这就是:不断拓宽信息通道,鼓励他人参与（Charles,2005）。

参考文献

1. Anne H. Margulies. MIT OpenCourseWare, http://ets. Berkeley. edu/etstandards/ocw/mit-ocw.

2. Biography Susan Hockfield, http://web. mit. edu/hockfield/biography. html.

3. Charles M Vest. 2005, Disturbing the Educational Universe: Universities in the Digital Age—Dinosaurs or Prometheans, http://web. mit. edu/president/communications. html, 2008(10).

4. Chomsky, N. New Horizons in the Study of Language and Mind. Cambridge: Cambridge University Press, 2000(132).

5. Early MIT OCW Evaluation Data, http://ocw. mit. edu/OcwWeb/Globa/AboutOCW/newsletter. htm.

6. MIT course information, http://web. mit. edu/linguistics/courses/index. html.

7. MIT OCW FAQS [DB/OL], http://ocw. mit. edu/OcwWeb/Global/OCWHelp/help. htm.

8. MIT Open Course Ware. http://ocw. mit. edu/OcwWeb/Global /AboutOCW/about-ocw. htm.

9. 丁兴富. 麻省理工免费开放课件的启示. 中国远程教育, 2003(20): 65—65.

10. 丁兴富, 王龙. 麻省理工学院开放课件运动述评. 中国电化教育, 2004(10): 74—78.

11. 刘克苏. 从麻省理工学院 OCW 谈我国高校经典教育. 山东工商学院, 2006(12): 95—100.

12. 沈二. 从麻省理工学院的开放课件项目看国外网上开放课程发展. 中国远程教育, 2002(9): 69—71.

13. 王龙. 创新推广理论视角下的麻省理工学院开放课件项目. 学术论坛,

2008(1)：20—24.

14. 杨平展，王斌，罗兴元.麻省理工大学的开放课件对我国大学精品课程建设的启示.湖南第一师范学报,2007(6)：48—50.

15. 余凯.通识教育与麻省理工学院的发展,一个简史.中国大学教育,2002(4)：42—44.

16. 郑小芳,刘凌.尊重人性、直面现实的教育现代性——教育现代化改革刍议.哈尔滨职业技术学院学报,2007(2):43—44.

17. 中国大学视频公开课,http://v.163.com/special/cuvocw/.

第 2 章　语言研究的生物学视角：
语言的生物与生理基础

2.1　语言学与生物学之渊源

　　语言学的研究自古以来始终与生物学的研究有着不解之缘：达尔文（Darwin，1872：354）认为语言的进化是一种逐渐发生的、自然选择的过程，并将动物最初的发音器官的发育归结为对性的需求；Bickerton（1981）认为，人类的认知及行为和技术的发展轨迹、原始语和人类语言过渡期、语言各发展阶段及语言官能的某些特别反常现象表明，人类语言是原始母语进化的产物；Liberman（1991：43）认为，人类声带的独特结构在声带进化过程中发生的改变对语言起源的研究具有重要价值；Hockett（1960：88-96）曾列举了组成人类语言结构的十三种特征，他认为尽管其他动物也表现出某些特征，但没有任何动物表现出所以特征，并据此主张只有人类的口语才完全具备所有特征，从而将人类的口语与动物交际以及人类其他交际系统区别开来；Pinker（1994）则从进化论的角度来提出了人的语言能力既是本能的产物，又是进化的结果，从而认为达尔文关于语言进化的思想是对语言进化的唯一解释，因为自然选择是促使声带产生复杂结构的唯一机制。他认为儿童学说话就像鹦鹉学舌一样，是一字一句慢慢模仿，并在与成人的各种言语互动中学会的。针对 Pinker 的这一说法，Chomsky（1965）曾经有过不同的说法，他认为儿童在学习语言过程中除了模仿以外，还会创造一些新的句子，并能在与成人的语言互动中自动发觉语言的规律，逐渐修正自己的语法。因此，可以说只要是正常发育的儿童，天生就拥有学习语言的本能，只要有环境刺激与成人的引导，便能学会说话。

一个半世纪前，达尔文的进化论思想掀起一场人类世界观的大革命，它不仅让人们了解了关于生命起源的科学原理，而且还彻底颠覆了传统基督教的"神创说"和"物种不变"理论。一个世纪过后，当语言的研究开始与生物学紧密地联系在一起时，达尔文的进化论思想又一次对语言学的研究和发展产生重要影响。人类语言能力究竟从何而来？它是否为人脑所特有，被认为专司语言的语言官能（Faculty of Language）是数百万年来语言官能进化的产物吗？语言官能得以进化的动因是交际的需求还是另有他因？为什么人类语言所特有的丰富而无限的（open-ended）表达潜能，不被动物的交流系统共享？语言的进化究竟是经历了一个"渐变"还是"突变"（gradual versus saltational）过程？人类语言的进化是原本已经存在的交际系统官能的连续进化的结果，还是从其他功能中分化而来的？富有挑战意义的进化观在于，是哪一方面导致了长期的适应变化，是哪些条件助导了这一进化过程？可见，虽然进化论对于语言的起源仍然具有重要的理论引导意义，但面对如此特别但又无限丰富的语言现象，如今，达尔文的进化论思想却显得有些力不从心。也许缘由于此，一个新的具有强烈跨学科意识的学术用语"生物语言学"渐渐在语言学领域浮出水面。

2.2 语言的生物与生理基础

"生物语言学"的浮出在很大程度上促进了语言学家与人类学家尤其是生物学家的广泛合作，从而在探讨人类语言的起源工作方面有了更大的研究空间。从"语言生长关键期"假设的提出，到"唯递归运算机制"假设的论证，其间的研究都无不建立在语言学家与生物学家通力合作的基础之上。然而，受遥远的历史特征以及语言的非化石性特征的影响，语言究竟如何起源目前还难以找到直接证据。尽管如此，考古学的研究使人们对语言的起源有了较为一致的认识：它或产生于旧石器时代晚期，或更早，或更晚。而来自神经生理学的研究显示，语言的产生与可能与意识的存在产生关联（Smith，1985；桂诗春，2001），因为意识是一个按规则操纵符号以产生意义的机制，因此，语言的生物进化也就意味着"一种操纵符号以符号码为形式的信息的心理能力的发展"（桂诗春，2001）。这样，语言的起源应该是在距今 10 万年前的 Mousterian 文化的后期（Smith，1985；桂诗春，2001）。当语言产生之后，它便开始与时俱进，成为一个社会文化发展的历史符号，连同人类社会与历史的伟大文明载入史册。

　　语言是人类特有的。人类之所以能够产生语言，不仅因为人类的声带结构符合人类语言产出的生理要求，更重要的是，人类大脑中具有掌管语言的功能区。百灵鸟的歌声婉转动听，如果单从音域的广度上来看，百灵鸟可以说是其他动物中唯一能与人类相媲美的动物。然而，与人类大脑相比，百灵鸟则远远落后于其他动物。由此，百灵鸟歌声不存在构成人类语言的句法内容便不足为奇了。从大脑结构图来看，与人类大脑结构相比，黑猩猩的大脑结构与人类最为接近。正是缘由于此，黑猩猩不仅具有习得符号的能力，而且还有组合符号的能力。20 世纪 60 年代，Gardner 夫妇曾经教授一只名为 Washoe 的黑猩猩手势语，他们用了 22 个月的时间教会 Washoe 34 个单词。Washoe 不仅能恰当地使用这些单词，而且还能用这些单词表达概念，说明黑猩猩已经具备了语言产出的生物基础。然而，黑猩猩在语音产出方面的能力却表现得异常艰难。20 世纪 50 年代，Hayes 夫妇试图教授一个名为 Viki 的黑猩猩，不料 Hayes 夫妇花了

6 年时间却只教会 Viki 发出 4 个类似英语的语音。这一实验结果说明,尽管黑猩猩的大脑结构具备了语言的生物基础,但其语言的发声器官却为其说出话语设置了生理障碍。来自解剖学的研究表明,黑猩猩的声带比人类的声带位置高 1～2 根颈椎骨,这就使得它的会厌在发声时很容易与小舌碰撞,从而使发声气流产生障碍,导致气流从鼻腔产出。与黑猩猩相比,人类的声带在遥远的古代就已经下降,其较低的声带使得气流可以顺利地通过口腔,在口腔、鼻腔、咽腔与肌肉张力的协调工作下,人类就能发出各种清晰而精细的语音。

2.3 大脑语言功能区

真正开始对语言与大脑关系的研究应该始于失语症在临床解剖学上的发现。

当法国解剖学家 Broca 先生发现他收治的病例在大脑的第 3 左额回有一病灶时,他认为这一病灶区就是导致患者丧失语言能力的罪魁祸首。继 Broca 之后,Wernicke 又发现了大脑后第 3 颞上回是个参与语言活动的另一个功能区①。Broca 语言区与 Wernicke 语言区的发现使人类对语言的生成开始有了深刻的认识。虽然目前就语言功能区的问题还有许多争议,后续的解剖学研究倾向地认为,人类与其他动物虽共享 Wernicke 语言区,但 Broca 区则为人类大脑独有(Creed, 1995)。人类与其动物共享 Wernicke 语言区的时代发生在遥远的长尾黑颚猴时期(Creed,1995:70)。当人类的 Wernicke 区的词汇加大到一定量时,人类便开始与大猩猩、黑猩猩发生分化。当人类进一步完善和加大 Broca 区的词汇量之后,Wernicke 区的词汇便得到了分化,从此开始了构建其语音的过程,并最终形成人类语言特

---

① Broca 语言区与 Wernicke 语言区问题还将在第 11 章详细介绍。

有的组成部分。

随着人类对大脑认识的逐渐深入，人类对大脑语言功能区的认识也逐渐细化。人们开始认识到，不仅语言的语法和语音分别被大脑不同的语言区掌管，人类对语言中的语序处理能力也具有一定的生理基础。Angela 等（2006）认为，人类大脑的不同区域具有分别掌管两种不同语序的处理能力，其中，左额叶岛盖（the left frontal operculum）掌管局域转换的加工处理。而来自发生学的研究显示，这一脑区的形成却早于 Broca 区。此外，Tractogragphy 的相关数据表明，大脑上述两个区域的结构连通性存在差异，说明大脑的左下额叶皮层（left inferior frontal cortex）的两个区域可能相互隔离（Friederici et al. 2006）。

2.4　语言基因 FOXP2

Chomsky 的语言先天论引发了生物遗传学界对语言研究的兴趣，语言基因的发现就是其中的一例。

最早揭示基因与人类语言关系的个案研究始于一位威廉斯综合征（William Syndrome）患者。那还是在 20 世纪 80 年代，人们发现一位名为 Crystal 的 18 岁女孩，这位女孩除了长相奇特、智商较低并且无基本生活能力之外，其语言能力也与常人明显不同。患者语言表达流利，能够使用正确的语法，能够理解复杂的句子，但其在语言表达中常常会使用生僻、灭绝或根本不存在的词语。研究（Pinker，1994）发现，Crystal 的发病与其 11 号染色体上的基因有关，因为该基因的缺失会导致钙摄取失调，从而影响发育期儿童的大脑正常发育，同时也造成患者的语言在使用时产生障碍。

现代遗传学研究显示，影响人类语言的基因远不止一个。不过，第一个被确定为语言基因的则是 FOXP2。FOXP2 基因（Forkhead box p2)即叉头框 P2 基因,位于第 7 对染色体上。该基因与言语运动控制、语法、语义等高级的语言功能有关,其主要表现在于,FOXP2异常同时导致语言理解困难。而最新脑功能成像研究显示,患有FOXP2 异常的病人在语言相关的皮层区域也有异常表现,而不局限于脑的运动系统。由于 FOXP2 的上述功能及其表现,它被称为是参与语言能力发展的基因(Enard et al. , 2002)。

FOXP2 语言基因的发现始于学界对 KE 家族的遗传基因研究(见图 2-1)。

20 世纪 90 年代,牛津大学威康信托人类遗传学中心语伦敦儿童健康研究所的科学家发现,一个叫做 KE 家族中许多成员均患有语言障碍,研究人员对这一家族的三代成员进行进一步观察,结果显示,其三代成员也患有不同程度的语言障碍,主要表现为讲话时嘴唇与舌头运动困难,而且在组织词汇、运用语法及理解言语方面存在困难。然而,这个家族成员在听力、智力、心理及其他口舌运动等方面的常态表现使得科学家们在对其语言能力障碍的遗传基因的确定上举棋不定。为了慎重起见,他们按照其语言问题的特征将其命名为语法基因(grammatical gene),并就此基因的功能进行了种种猜测,包括可能由该基因导致的语言特征盲区(feature blindness)(Gopnic,1990),从而使患者不能自如地使用语法,以及由于该基因的关系导致患者难以驾驭语音和语言系统(Fletcher,1990),从而难以掌控语言的语音和语法的运作(Vargha-khadem & Passingham,1990)。1998 年,Fisher(1998)基本确定了该基因位于人类 7 号染色体的 SPCH1 段,但他还是未能找到这一基因。促成研究人员对 KE家族患者的遗传基因的确认事件则是来自一位名叫 CS 的英国男孩患者。经与 EK 家族的基因对比,研究人员终于发现一个叫做FOXP2 的基因在这个男孩和 KE 家族身上均遭到破坏,从而最终确定 FOXP2 为语言基因。

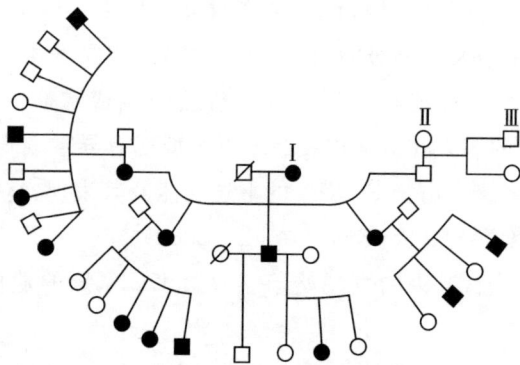

图 2-1　KE 家族谱系图

图片来源：Watkins et al.（2002）。引自 Hakim Arif（2009）

　　研究显示，CS 与 KE 家族患者的 FOXP2 都发生了突变，这一突变的结果导致了一个副本的缺失，从而影响到正常脑环路中语言和言语能力的发展。至此，研究人员正式将 FOXP2 命名为语言基因（language gene）。

　　虽然 FOXP2 的发现证实了人类语言具有生物遗传的基因基础，但 FOXP2 在人类大脑中并非单一的基因形式。这一现象至少说明，人类复杂的语言结构并非仅仅受制于一个存在于单纯分子直线顺序上的点（Hamer，2002）。

　　Kerri Smith（2005）认为，人体的基因由两个系统构成，一个是编码系统，一个是非编码系统。编码系统被描述为外显因子（exon），而非编码被描述为内含因子（intron）。这些外显因子和内含因子的数量及其特性在同类基因中会因人而异发生变化，从而造成人类基因组的复杂度达到一个相当的程度。

　　而对语言基因的进化研究表明，FOXP2 在人类身上与黑猩猩、大猩猩与恒河猴等灵长类动物身上存在两个氨基酸差异，这些灵长类动物与鼠类之间存在一个氨基酸差异，而人类的 FOXP2 蛋白质则有三个位置的氨基酸与鼠类不同。上述差异说明,人类的 FOXP2 基因蛋白质的氨基酸序列在进化过程中经历了三次变化,第一次变化发生于距今约 7 千万年前,当时人类与鼠类曾经拥有共同的祖先。而第二次与第三次变化只有人类经历。从 FOXP2 在进化过程的三次变化来看,人类与鼠类的 FOXP2 有三个氨基酸不同,但人类与黑猩猩、大猩猩以及恒河猴只有两个氨基酸不同。正是这两个氨基酸的差异促使人类完成了该基因的传播与进化,从而演变为区别于其他灵长类动物的人类。研究显示,在鸟类及禽类动物中,FOXP1 具有决定雄性禽类发声能力的功能作用(Teramitsu,2004)。此外,FOXP4 与 FOXP2 在 FOXP 基因组中的状态变化也会对语言能力的发展产生重大影响(Lu et al. 2002)。

然而,也有人提出,尽管 FOXP2 研究能够证明语言与基因有关,但这并不能表明语言障碍、神经表征、基因突变三者之间存在一一对应的关系(俞建梁,2011)。此外,除了 FOXP2 之外,参与语言生长的基因到底有多少,其间发生怎样的相互作用,还是一个未知数。

人类语言基因的演化过程虽能向我们展示人类语言在生物起源方面的猜想,但却无法使我们看清语言产生的实质面貌。悠久而漫长的生物演化过程虽是一幅充满五彩缤纷的动人画卷,却因距今相距甚远,被浩瀚的时空遮挡了视线,仿佛变得遥不可及了。

参考文献

1. Arif H. 2009,FOXP2:A gene for language and speech. The Dhaka University Journal of Linguistics:Vol. 2(3):173-184.

2. Bickerton,D. 1990. Language and Species. Chicago,IL:Chicago University Press.

3. Casey,B. J. ,Thomas,K. M. ,McCandliss,B. D. 2001. Applications

of Magnetic Resonance Imaging to the Study of Development. In C. A. Nelson&.M. Luciana （Eds.） The Handbook of Developmental Cognitive Neuroscience (pp. 137-148). Cambridge, MA: The MIT Press.

4. Cecilia, S. L. Lai, Dianne Gerrellil, Anthouy P. Monaco, Simon E. Fisher and Andrew J. Copp. 2001. A forkhead-domain gene is mutated is a severe speech and language disorder. Nature (413): 519-523.

5. Chomsky, N. 2005. Three factors in language design. Linguistic Inquiry (36)Winter:1-22.

6. Creed P. R. , The invention of the syllable: reflections of a humanist on the biology of language. In Stanislaw Puppel (ed.) The Biology of Language. John Benjamins Publishing Company Amsterdam/Philadelphia.

7. Chomsky, Noam, 1965, Aspects of the Theory of Syntax. Cambridge: The MIT Press.

8. Chomsky, Noam, 1995, The Minimalist Program. Cambridge: The MIT Press.

9. Christiansen, M. &. S. Kirby. 2003. Language Evolution: The States of the Art. Oxford: Oxford University Press.

10. Curtiss, S. 1977. A psycholinguistic study of a modern day "wild child. " New York: Academic Press.

11. Darwin, C. 1872, The Expression of the Emotions in the Man and Animal. London: John Murray (1st edition).

12. Dehaene, S. , Spelke, E. , Pinel, P. , Stanescu, R. , Tsivkin, S. 1999. Sources of mathematical thinking: Behavioral and brain-imaging evidence. Science(284):970-974.

13. Enard, W. , Przeworski, M. , Fisher, S. E. , Lai, C. S. , Wiebe, V. , Kitano, T. , Monaco, A. P. , and Paabo, S. 2002. Molecular evolution of FOXP2, a gene involved in speech and language. Nature (418): 869-872.

14. Fitch, T. , M. Hauser &. N. Chomsky. 2005. The evolution of the language faculty: Clarifications and implications. Cognition (97): 179-210.

15. Fisher S. E. , F. Vargha-khadem & K. E. Watkins, et al. 1998. Localization of a gene Implicated in a severe specch and language disorder. Nature Genet (18): 168-170.

16. Fletcher P. 1990. Speech and language defects. Nature (347): 226.

17. Gopnik, M. 1990. Feature-blind grammar and dysphagia [letter]. Nature (344): 715.

18. Gopnik, M. & Crago, MB. 1991. Familial aggregation of a developmental language disorder. Cognition (39): 1-50.

19. Gopnik, M. & Goad, H. 1997. What Underlies inflectional error patterns in genetic dysphasia? J Neuroling (10): 109-137.

20. Gopnic, M. 1990. Genetic basis of grammar defect. Nature (347): 26.

21. Hamer D. 2002. Rethinking behavior genetics. Science (298): 71-72.

22. Hakim Arif, 2009. FOXP2: A gene for language and speech. The Dhaka University Jou rnal of Linguistics (2)3: 173-184.

23. Hauser, M. D. 1996. The Evolution of Communication. Cambridge: The MIT Press.

24. Hauser, M. D. , N. Chomsky & T. Fitch. 2002. The faculty of language: what is it, who has it, and how did it evolve? Science. Vol 298(22) Nov: 1569-1579.

25. Hauser, M. D. 2005. From Monkey Brain to Human Brain. Cambridge, MA: The MIT Press.

26. Hockett, C. F. 1960. The origin of speech. Scientific American (203): 88-96.

27. Hurford James R. , Studdert-Kennedy Michael & Knight Chris (eds.) 1998. Approaches to the Evolution of Language-Social and Cognitive Bases, Cambridge, UK, Cambridge University Press.

28. Hurst J. A. , Baraitser, M. , Auger, E. , Norell, S. 1990. An extended family with a dominantly inherited speech disorder. Dev Med Child Neurol (32): 352-355.

28. Cecilia, S. L. Lai, Dianne Gerrelli1, Anthony P. Monaco2, Simon E. Fisher and Andrew J. Copp 2001. A forkhead—domain gene is mutated in a severe speech and language disorder. Nature (413): 519-523.

29. Jackendoff, R. & S. Pinker. 2005. The nature of the language faculty and its implications for evolution of language (Reply to Fitch, Hauser, and Chomsky). Cognition (97): 211-225.

30. James R. , H. Michael, S. Kennedy & C. Knight. 1998. Approaches to the Evolution of Language: Social and Cognitive Bases. Cambridge: Cambridge University Press.

31. Jinkins, L. 2000. Biolinguistics — exploring the biology of language. New York: Cambridge University Press.

32. Krashen, S. 1973. Lateralization, language learning and the critical period: some new evidence. Language and Learning (23): 63-74.

33. Ladd. R. , D. Dediu & A. Kinsella. 2008. Languages and Genes: Reflections on Biolinguistics and the Nature-Nurture Question. Biolinguistics (2. 1):114-126.

34. Lenneberg, E. 1967. Biological Foundations of Language. New York: Wiley.

35. Liberman, P. 1991. Uniquely Human. Cambridge: Harvard University Press.

36. Marcus, G. F. and Fisher, S. E. 2003. FOXP2 in focus: what can genes tell us about speech and language? TRENDS in Cognitive Sciences Vol. 7 (6): 257-262.

37. Meader C. L. & J. H. Muyskens: 1950. Handbook of Biolinguistics: Toledo, H. C. Weller.

38. Obler. L. & K. Gjerlow. 1999. Language and the Brain. Cambridge: Cambridge University Press.

39. Pica, P. , Leme, C. , Izard, V. , Dehaene, S. 2004. Exact and approximate arithmetic in an Amazonian indigene group. Science 306 (5695): 499-503.

40. Pinker, S. 1994. The Language Instinct. New York: William Morrow and Company, Inc.

41. Pinker, S. & R. Jackendoff. 2005. The faculty of language: what's special about it? Cognition (95): 201-236.

42. Pullum, G. K. & Rogers, J. 2006. Animal Pattern-learning Experiments: Some Mathematical Background. Cambridge: Harvard University, Radcliffe Institute.

43. Puppel, S. 1996. The biology of Language. Amsterdam / Philadelphia: John Benjamins Publishing Company.

44. Teramitsu, I, L. C. Kudo, S. E. London et al. 2004. Parallel Foxp1 and Foxp2 Expression in Songbird and Human Brain Predicts Functional Interaction. Journal of Neuroscience (24): 3152-3163.

45. Vargha-khadem F. & R. Passingham. 1990. Passingham R. Speech and Language defects. Nature (347): 226.

46. Walker, E. 1978. Exporations in the Biology of Language. Vermont: Publishers Montgomery.

47. Watkins, K. E. et al. 2002. Behavioural analysis of an inherited speech and language disorder: comparison with acquired aphasia. Brain (125): 452-464.

48. 代天善. 生物学范式下的语言研究综述. 现代外语, 2007(3): 301—307.

49. 桂诗春. 新编心理语言学. 上海: 上海外语教育出版社, 2001.

50. 刘峰, 陈旭. 婴儿的数认知核心系统. 心理科学进展 (Advances in Psychological Science), 2009(1): 78—85.

51. 吴会芹. "语言官能"假说之争中的高端对决. 外国语, 2009(3): 221—229.

52. 杨烈祥. 唯递归论及其生物行为比较证据. 现代外语, 2010(3): 221—229.

53. 俞建梁. 国外 FOXP2 基因及其语言相关性研究二十年. 现代外语, 2011(3): 310—329.

54. 董粤章, 张韧. 语言生物机制研究的新视野: FOXP2 与人类语言能力. 东北大学学报(社会科学版), 2009(4): 355—359.

第3章 语言研究的生物学视角：
生物语言学的启蒙

3.1 "语言生长关键期"假设

自从 Meader 和 Muyskens 在其《生物语言学手册》(*Handbook of Biolinguistics*)(1950)提出"生物语言学"这个术语之后，语言研究开始有了向自然科学发展的苗头，这是因为，作者在这部手册中将生物语言学称为一门现代科学，并首次主张将语言当做一门自然科学进行研究。

继 Meader 和 Muyskens 之后，生物语言学发展中的又一里程碑式的成果再次问世，这就是 Lenneberg 的《语言的生物基础》(1967)。Lenneberg 在这部重要的文献中强调了语言的自然科学属性，认为语言研究就是要在语言组织与外围环境的综合功能中寻求对一切语言现象的解释，因此他主张要将语言视为一门自然科学来研究。在这部重要文献中，Lenneberg 还提出了"语言生长关键期"假设。该假设认为，语言的发展存在一定的关键期，在这期间，儿童的语言发展非常迅速，非常容易，而一旦错过了这一关键期，语言能力的发展就会严重受阻甚至永远得不到修复。Lenneberg 的这一思想一经发表便备受世人瞩目。仅语言发展关键期的时间问题就有不少争议：Lenneberg 认为，儿童语言发展的关键期在 2 岁至 12 或 13 岁；

Krashen(1973)认为 5 岁之前是儿童语言潜能发展的高峰期。其次，就人类语言的发展是否存在关键期的问题，学界曾有不小的争议。Lenneberg 的语言发展关键期假设是建立在成年失语症患者和儿童失语症患者的语言恢复程度及速度上的差异。与成年人相比，儿童失语症患者语言恢复的速度快、程度高，有的甚至能够完全恢复。Lenneberg 对这一现象的解释是，儿童在出生的前两年大脑两半球发展语言的潜力是均等的，大脑任意半球损伤所导致的语言障碍都有可能由未损伤的另一半球弥补其功能。但是，随着年龄的增长，大脑的语言功能就会越来越偏侧于左半球，从而成为语言的优势半球。青春期之后，其偏侧化过程就会基本完成。因此，脑损伤发生的年龄越早，其语言功能恢复的就越快越好，反之，成年后发生脑损伤，语言恢复得就很慢甚至不能恢复。支持 Lenneberg 语言发展关键期的另一组数据是，有些先天迟钝的儿童即使 14 岁之前接受语言训练，也会取得明显进步，但在 14 岁后接受训练，其语言就不会再有任何进步，说明一旦过了青春期，语言习得能力也就随之消亡了。

然而，针对 Lenneberg 的语言发展关键期假设，有些人却持有不同意见，主要理由是，Lenneberg 的研究只是针对大脑损伤患者，其研究只能说明在大脑语言区受损后，大脑非语言区对语言区的替代作用，这种替代能力会随着年龄的增长逐渐减弱甚至消亡。也有人认为，大脑左半球的优势功能早在儿童出生时就有可能产生了。而来自环境因素对语言影响的研究显示，即使儿童的大脑语言区未受损伤，也同样会导致语言障碍。如一位曾经受到残暴父亲虐待的女孩 Genie 经过 12 年的囚禁已经完全丧失了语言能力。13 岁之后她虽接受了 7 年的语言训练，其语言表达能力已经远远落后于她的同龄人(Curtiss,1977)。但也有研究显示，有些生来失聪的儿童虽在青春期后恢复了听力，但其语言学习仍然存在很大困难，从而在一定程度上支持了 Lenneberg 的假设。

虽然"语言生长关键期"假设曾经引发众多争议，但这一假设却得到 Chomsky 的赞同[①]，他（Chomsky，2005：1）称赞该著作是生物语言学研究的基础性文献。

3.2 《生物语言学》学术期刊

在生物语言学的发展史中，一件具有深远意义但却历经艰辛的事件便是《生物语言学》的创刊了。《生物语言学》的创刊虽由几位热心学者发起，但遗憾的是，该刊经历了几期艰难的发刊之后最终夭折。更为遗憾的是，该刊的创办未留下任何资料性文献。

虽然最初的《生物语言学》期刊已经夭折，但也许是因为语言研究与生物学的不解之缘，半个多世纪后，以同一名称命名的《生物语言学》学术期刊于 2007 年再次浮出水面。该刊由著名生物语言学家 Cedric Boeckx 和 Kleanthes K. Grohmann 任主编，以生成语法理论为基础，以理论语言学、语言习得、语言演变、理论生物学、基因研究、心理哲学及认知心理学等为主导研究内容，旨在以生物语言学的视角探索与语言相关的理论问题。从 2008 年起，该刊每年发行四期，以在线期刊形式向全世界感兴趣的学者或读者免费开放。人们只要在线注册，就能免费阅读并下载论文摘要和全文。

作为生物语言学唯一的学术期刊，该刊的在线发行无疑将广大致力于生物语言学研究的学者聚集起来，从而最大限度地推进生物

---

① 笔者就此问题与导师 Chomsky 交换意见，Chomsky 分别用狼孩、聋哑人、新生儿、骨骼缺陷者的故事解释了语言发育关键期的重要性。狼孩被发现时可能已经错过了与外部世界互动的关键期，包括感情的培养等，不仅没有语言，而且还不会走路，只能像动物一样靠四肢行走。新生儿在最初几周内如果不接受正常的视觉刺激将永远失去视力。患有骨骼发育缺陷的新生儿如果靠拐杖支撑，并错过学走路的最佳期，脱离拐杖后，他们将永远不会走路。三个自出生就在一起玩耍的聋哑患者到了语言发展关键期却自发地创造了符号语言。

语言学的学科发展。

3.3 生物语言学国际研讨会

继旧期《生物语言学》发刊之后，生物语言学界的另一大事是举办了一次重要的生物语言学国际研讨会①。这次会议时间是 1974 年，主办方是美国麻省理工学院和法国巴黎罗约蒙学院，会址在美国麻省理工学院。在这次会议上，Lenneberg(1967)的许多问题被列入语言学者和其他认知学家的会议议题日程表。此时，"生物语言学"的术语再次浮出水面，其中被反复提到的一个问题是，语言中的显性规则在多大程度上为认知系统所特有？或者说相似的"形式排列"(formal arrangements)只是存在于人类其他认知区域还是存在于其他有机体中？从生物学角度对语言展开研究，一个基本问题在于：语言的多少成分能够给以原则性解答，其他区域或有机体中是否存在同源成分(homologous elements)(Chomsky,2005:2)⋯⋯该会议距今虽然已过半个世纪，但会议上提出的许多问题在当今的西方语言学、认知学、心理学、生物学、脑神经学界依然炙手可热。

3.4 "最简方案"的浮出

在生物语言学国际会议之后的 1986—1994 年间，麻省理工学院就"人类语言官能应该满足哪些基本条件"以及"语言官能在多大程度上取决于这些条件"举办了一系列的演讲、研讨活动。参与活动的人员有来自不同学科的专家学者及教授和学生，大家就 20 世纪 50 年代 Chomsky 提出的人类大脑中的语言官能(Language faculty)假

① 该会议名称为"生物语言学大辩论"(A Debate on Bio-Linguistics)。

设进行了探讨。Chomsky(1995)认为，语言官能观至少有两个构件，一个是用于储存信息的认知系统，另一个是接触信息和使用信息的使用系统(performance systems)。认知系统与两个外在系统产生互动：一个是听觉—感知系统 A-P，一个是概念—意图系统 C-I。这样，就有了两个界面，一个是 A-P 界面的音系形式(PF)，一个是 C-I 界面的逻辑形式(LF)。虽然当时关于语言官能的假设已得到认可，但它在大脑系统中的定位却并不明朗。而要想解决这个问题，则迫切需要找到解释特殊语言现象的方法，从而解释语言知识是如何在说者—听者的大脑内部产生的。当时 Jesperson 提议，只有研究句法学，才能找到人类语言结构内部共享的普遍语法。也正是那个时候，Chomsky 开始将自己的研究方向指向从特殊语言的复杂规则系统中抽象出普遍原则来。Chomsky 提议，这些普遍原则的提炼必须遵循最简原则，这就是最简方案。最简方案将语言的起源看做是"突变"、"非连续"或"浮现"的结果，这是因为，物理法则给复杂的有机体提供了多种产生和变化的渠道，而"自然选择"无疑是决定其特性及其限制条件的重要因素之一。Chomsky 还认为，人类语言是生物遗传的结果，它是因为某种遗传基因的突变，从而使其神经线路以不同于其他动物的超常规方式将两个神经结连接起来，从而生成各种不同的语言结构，这种突变的生物体征通过子辈、孙辈，一代一代地传承下来，经过人类社会与文化的大碰撞，最终产生了语言①。

虽然 Chomsky 的生物语言学思想至今尚有争议，但无可否认的是，在生物语言学发展初期，Chomsky 关于语言的生物遗传秉性的思想为生物语言学的发展指明了方向。最简方案为生物语言学的发展奠定了学科基础。

---

① 关于语言的"自然选择论"、"突变论"，学界尚有许多争议，详见 Pinker (1994)，Piner 和 Jackendoff (2005) 及 Jackendoff 和 Pinker (2005)等。

3.5 结 语

如果说,直至 19 世纪末对于生活在一片孤岛、未曾有过语言接触的狼孩的研究可以称为语言生物性研究的第一阶段,以在新思想、新理论指导下进行大量试验性研究为特征的语言生物性研究为第二阶段,那么仅仅几年前,一个新的生物语言学时代——由生物学家、心理学家和语言学家(Christiansen & Kirby, 2003; Hauser, Chomsky & Fitch, 2002; Hurford, Studdert-Kennedy & Knight, 1998; Pinker & Jackendoff, 2005; Pullum & Rogers, 2006)倾心合作的新时代——生物语言学第三阶段已经到来。然而,语言学科的发展始终不会安于现状。随着人类认知能力的发展,随着人文科学与自然科学的不断融合,随着语言研究中科学技术手段的不断馈入,具有自然学科性质的语言学研究将会探索更多的奥秘,更细化、更新型的语言学分支还将继续产生。在集语言学、生物学和进化论思想为一体的新术语——"进化语言学"(evolutionary linguistics, 简称 evolingo)出现之后,一个更新的语言学概念,如"进化—发展语言学"(evo-devo)已在西方现代语言学界出现。未来的语言研究将会出现自然语言与人工语言研究的分工,语言习得与语言表征的研究分工,并在方法和技术手段上得到拓展,进一步应用于新的物种的研究。

参考文献

1. Chomsky, N. 1995. The Minimalist Program. Cambridge: The MIT Press.

2. Chomsky, N. 2005. Three factors in language design. Linguistic Inquiry (36) Winter: 1-22.

3. Christiansen, M. & S. Kirby. 2003. Language Evolution: The States of the Art. Oxford: Oxford University Press.

4. Curtiss, S. 1977. A psycholinguistic study of a modern day "wild child." New York: Academic Press.

5. Hauser, M. D. , N. Chomsky & T. Fitch. 2002, The faculty of language: what is it, who has it, and how did it evolve? Science. Vol 298 (22 Nov): 1569-1579.

6. Hurford James R. , Studdert-Kennedy Michael & Knight Chris (eds.) 1998. Approaches to the Evolution of Language-Social and Cognitive Bases. Cambridge, UK: Cambridge University Press.

7. Jackendoff, R. & S. Pinker. 2005. The nature of the language faculty and its implications for evolution of language (Reply to Fitch, Hauser, and Chomsky). Cognition (97): 211-225.

8. Lenneberg, E. 1967. Biological Foundations of Language. New York: Wiley.

9. Meader C. L. & J. H. Muyskens, 1950. Handbook of Biolinguistics. Toledo, H. C. Weller.

10. Pinker, S. & R. Jackendoff. 2005. The faculty of language: what's special about it? Cognition (95): 201-236.

11. Pullum, G. K. , & Rogers, J. 2006. Animal Pattern-learning Experiments: Some Mathematical Background. Cambridge: Harvard University, Radcliffe Institute.

第4章 语言研究的生物学视角：
Chomsky 的"语言官能"观

4.1 "语言官能"之困惑

普遍语法(Universal Grammar,简称 UG)是 Chomsky 语言学理论的核心思想,它要回答的是人的语言能力究竟是从哪里来的这一问题。Chomsky 将人类语言的起源归因为人类语言的生物学属性,由此,一个重要的具有生物学意义的概念——语言官能(Faculty of Language,简称 FL)便在他的普遍语法假设中应运而生。然而,汉语文献中对于"语言官能"的翻译有很多个版本,有的将其翻译为"语言机制"或"语言机能"(宋国明,1997;尤则顺,2004),有的将其翻译为"语言官能"(宁春岩,2000:18)①,有的则将其翻译为"语言系统"(宁春岩,2001:3),还有的将其翻译为"语言能力"(束定芳,2004:61;蔡曙山,2006:7)等。这不免使人产生疑惑:语言官能到底是指产生语言的生理的"官"还是指人的语言的"能"。

从字面理解,"语言机制"、"语言系统"侧重的是大脑的"软件"功能,它是看不见、摸不着,但却真实存在的东西。"语言器官"则侧重

---

① Cook V. & Newson M. 著,宁春岩导读. 2000. Chomsky's Universal Grammar：An Introduction. Foreign Language Teaching and Research Press，Blackwell Publishers Ltd.

大脑的"硬件"功能。而"语言官能"虽有聚二者为一身的优势，却强调了其"能"的一面。

那么 Chomsky 对语言官能又是如何解释的呢？

Chomsky 认为，语言官能具有一定的方位性，它存在于大脑的特定位置，但它又不像眼睛、耳朵或心脏一样一旦发生损坏可以切除和移植①，就像人的免疫系统一样。但语言官能的特殊性在于，它既具有维系自我的再生功能，而且还具有不同特征的子系统或子模块，如句法、词法、音系、语义、词汇等。因此，语言官能可称为是具有特殊意义的器官②。

Chomsky 把人脑中掌管语言的特殊"器官"（organ）称为语言官能（faculty of language），他把人类语言视为一个"天然产物"（a natural object），一个包含大量不变原则的运算系统（a computational system with largely invariant principles）。这一官能还会随着经验的增加发生变化，通过与其他系统（认知、感觉运动）的互动来决定言语的音和义（Chomsky，2000：168）。

4.2　Chomsky 的"语言官能"观旧说

20 世纪 70 年代，Chomsky 发现，动物的学习是依照由遗传基因决定的程序（a genetically determined programme）进行的。虽然他认为人们没有理由对 Monod 关于"人类知识的基本分类"的真实性和人类行为的其他方面的真实性产生怀疑，但是"人类特有的语言官能"（man's apparently unique linguistic faculties）和"想象的思维能

---

①　Chomsky 认为把 FL 用"软件""硬件"予以解释很有意思，但就神经机制而言我们很难用"硬件"一语概括它的功能。笔者之所以选用该词，其目的主要为便于理解。

②　吴会芹. 叩响通天塔之门——我在麻省理工学院做高访. 杭州：浙江大学出版社，2010.

力"(abilities of imaginative thought)也是真实无误的,因为它们"清楚地(反映)在语言里,(显示)在视觉想象中,(体现)在行为的计划内,或者(存在)于真实的艺术或科学创作作品之中"。在此,Chomsky 首次提出了 FL 的概念(Chomsky,1971:13-20)。

随后,Chomsky 对这一基因程序予以了特别关注,他发现,将语言中的一些原则和结构指派给特定物种所特有的、具有基因特性的 FL 似乎非常贴切。他引用下列例句"[S[NP[DET the][N man][S who[VP is tall]]][VP is here]]"并用括号形式将词组加以标记,以此解释、说明结构依赖原则的含义,并将这一操作过程所遵循的原则称为"(语法)转换"。基于上述发现,他特别希望能对语言原则进行分类,对语言结构的复杂性进行分层(Chomsky,1975:79-80)。

20 世纪 80 年代,Chomsky 进一步强调了语言的内在性和天赋性。他分别用"先天决定的语言官能"(genetically determined language faculty)、"语言习得装置"(language acquisition device)、"人类心理的内在构件"(innate component of the human mind)等概念来解释他的普遍语法,认为普遍语法可以被理解为是对"先天决定的语言官能的特征化"描述,这一官能可以理解为一个"语言习得装置",它是人脑的一个"内在构成部件",这个装置能将经验(experience)的东西转化为习得的能力即某一语言能力系统(Chomsky,1986:3)。

20 世纪 90 年代,Chomsky 在保留原有思想的前提下对语言能力进行了重新阐释。他认为,语言官能的作用之一是产生结构表达式的生成程序,其中包括常说的"语义"和"语音"。具体语言的理论就是它的语法,而研究语言及其表达式的理论则是普遍语法。普遍语法是关于语言官能相关构件初始状态的理论。Chomsky 还把语言分为概念系统(a conceptual system)和语用能力系统(a system of pragmatic competence),并引用 Curtiss(1981)、Yamada(1990)、

Smith 与 Tsimpli(1991)等人的相关证据，证明这些系统虽相互作用，但却能各自损坏，其生长发育具有相对的独立性。他又把语言运用系统分为两大类别：发音—知觉系统(articulatory-perceptual，简称 A-P)和概念—意图系统(conceptual-intentional，简称 C-I)。A-P 层面通常称为音系式(PF)，C-I 层面为逻辑式。语言表达式的两个接口分别携带着发给这两个系统的命令(Chomsky 1995:167-169)。

几年以后，Chomsky 从语言与心智研究的新视野重新审视了语言问题，他详细阐述了学科交叉的思想，认为要从自然学科角度研究自然语言和心理，就必须建立一套具有充分解释性的理论。他希望语言学最终能与被誉为"核心"科学的自然学科融为一体，他强调这种"融合"(unification)并非真的削减(genuine reduction)，而是向我们原本并不熟悉的研究领域的延伸(expansion)(Chomsky 2000:106-107)。在这一思想指导下，他重申以往的观点，认为有大量证据证明，大脑中主司语言的 FL 至少包含两个不同成分，一是存储信息的"认知系统"(cognitive system)，二是运用信息以备发声、感知、谈论世界、提问问题、开玩笑等的"使用系统"(performance system)。这样，语言官能就有一个输入接收系统(input receptive system)和输出产出系统(output production system)，但并非仅此而已。由于每一个使用系统发生严重损坏时其认知系统则能保持完好，这说明复杂的生物系统呈现模块结构(Chomsky, 2000:117)。

4.3　Chomsky 的"语言官能"观新说

Chomsky 倡导的学科交叉思想使语言学逐渐成为一门与认知科学、心理学、生物学、脑神经学等相交叉的学科。从此，语言研究吸引了许多其他学科的学者参与，语言学成为一门真正的交叉学科，相关科研成果(Walker et al., 1978; Crystal et al., 1978; Ballmer,

1982；Pinker，1994；Puppel，1996；Hauser，1996；Obler，et al.，1999；Givon，2002；Hauser et al.，2002)陆续产生，其中最引人瞩目的当属 Hauser 与 Chomsky、Fitch 合著的论文"The faculty of language，what is it，who has it，how does it evolve?"(Hauser et al.，2002；Fitch et al.，2005)。在这篇具有划时代意义的论文中，他们将语言官能分解为广义语言官能(Faculty of Language in the Broad Sense，简称 FLB)和狭义语言官能(Faculty of Language in the Narrow Sense，简称 FLN)，并提出新的假设：绝大部分广义语言官能为人与动物共享，唯有狭义语言官能——递归运算机制为人类语言官能的独特构件(the only uniquely human component of the faculty of language)①。

　　虽然 Chomsky 关于语言官能的理论假设曾在学界引起不少争议(Pinker et al.，2005；Jackendoff et al.，2005 等)，但是，这一理论假说带动了语言学与生物学、心理学、神经医学等学科的跨学科研究，一批新型交叉语言学科如生物语言学、神经语言学相继出现，如生物语言学家试图从不同层面通过探索人类语言的器官形成和发展的生物基础，试图解释、验证人类特有的"递归性"语言基础，并发现虽然动物也进行一定方式的有效交际，但与人类语言有本质的差异：动物的交际系统中缺乏人类语言所特有的丰富而无限的表达潜能，这种能力源于人的递归性特征。而对先天语言缺陷及失语症的研究将语言学、脑科学紧密联系起来，从而在与语言相关的大脑疾病如唐氏综合征、威廉斯综合征、脆性综合征、孤独症、癫痫等病理学研究方面有了新的发现。特别是事件相关脑电位(event-realted potentials，简称 ERP)和功能性核磁共振成像技术(functional magnetic reconance imaging，简称 fMRI)的发展，对人类大脑语言区的研究才

---

　　① 关于"唯递归运算机制"内容，详见本著作第 4 章。

有了一定的技术支持，如 Monod(1974)认为在大脑进化过程中形成的语言官能是"人性"的一个部分，是极其复杂的基因密码中的染色体基因组决定的。美国麻省总医院（Massachusetts General Hospital）研究员 Mark Shalinsky 协同麻省理工学院博士后 Ioutia Kovelman 等[①]，在最新一项研究中发现了大脑中主司双语的部位，他们利用体内成像技术（optical imaging technology），把曾经用于探测胸部肿瘤和心脏血流的仪器——近红外光谱学（Near Infrared Spectroscopy，简称 NIS）成像技术这一新的"显微镜"用来探查人脑的高级认知能力。NIS 显示，当大脑左半球主司语言的部位处于单语模式（monolingual mode）时，会牵动左边的 Broca 区域和大脑左侧背前额叶表层的部分区域（left dorsolateral prefrontal cortex，简称 DLPFC），而这两个部位分别掌管语言和文字记忆。唯一不同的是，与操单语者相比，操双语者能够较大幅度地调动掌管语言的功能区参与脑力活动。再如，德国汉堡—埃彭多夫大学医院的科尔内留斯·魏勒教授，通过对 8 名意大利学生与 8 名日本学生的研究发现，人类大脑的神经系统在学习各种不同语言时能做出相应积极的反应。在他们的实验中，受试学生首先分别学习各自语言的 6 条语法规则，其中 3 条是真实存在的，另 3 条则是自由编撰的。之后，科学家再给出一系列不同的语句，让这些学生鉴别是否符合刚刚学习的语法规则。借助于磁共振成像技术，科学家对被试者在试验中的大脑活动进行了检测，结果发现，在被试者大脑处理真实语法规则时，其大脑的 Broca 区域非常活跃，而在处理虚构语法规则时，该区域活动不明显。这项研究证实，人类大脑中先天存在一种跨越不同语言的语法通则，语言获得的过程实际上就是"普遍语法"向个体语法（即

---

① 见 Dartmouth researchers find a neural signature of bilingualism. 17-Oct-2006，http://www. eurekalert. org/pub_releases/2006-10/dc-drf101706. php.

特定语言的语法)转化的过程。在此基础上,人类大脑的神经系统在学习各种不同语言时能做出相应的积极反应,从而证实人脑中先天存在一定的"普遍语法能力"。

4.4　Chomsky 的语言三要素

2004 年,Chomsky 从生物语言学角度再一次重审了语言,并由此提出了语言设计中具有相辅相成作用的(内在)语言的三要素,即基因特征、经验及独立于语言或有机体的原则。而要素三又可分为:(1)可用于语言习得和其他领域的数据分析原则;(2)可进入气管、成为有机状并产生广泛行为的结构体,且对发育产生限制的原则,包括可能对运算系统产生特殊意义的有效运算原则。他称"语言官能"是生物语言学的概念,是旧词新用(adapting a traditional term to a new usage)。语言是语言官能的一种状态,用术语表述即"内在语言"(I-language)(Chomsky,2005:1-6)。

Chomsky 的"语言三要素"在国际学术界引起极大关注。2007年 2 月,生物语言学界召开了两次国际性学术会议,一个是以"生物语言学研究"(Biolinguistics Investigations)为主题的会议,在多米尼加共和国首都举行,另一个是以"生物语言学:语言进化与变异"(Biolinguistics:Language Evolution and Variation)为主题国际研讨会,该会议在意大利威尼斯举行。会议聚集了国际知名生物学家、神经语言学家,大家围绕 Chomsky 的语言成长三个要素进行了热烈讨论。2007 年秋冬两季,哈佛大学先后邀请 Chomsky、Pinker、Jackendoff 等人阐述自己关于 FL 的观点,他们分别以"关于意义的内在探索"(Internalist Explorations of Meaning),"语言恰如探视人性的一扇窗"(Language as a Window into Human Nature),和"文献与真理概念论"(A Conceptualist Treatment of Reference and

Truth)为题就 FL 问题做了演讲和公开访谈。美国麻省理工学院也先后组织了以"句法来自何方"(Where Does Syntax Come From?)和"生物语言学方案:当今地位如何?"(The Biolinguistic Enterprise:Where Does It Stand Today?)为主题的大型学术研讨活动,Chomsky 本人也应邀出席了其中的几次大会并做了公开演讲,并应哈佛大学邀请与 Gardner 教授就普遍语法问题进行了面对面对话。

目前,学界对于语言官能的广义狭义之分普遍持赞同态度,但对于"唯递归假说"却有较大争议。我们不敢预测未来的研究能为 Chomsky 的语言官能理论假说提供多少证据,也不能保证语言观能的假说是否能够最终得以确认,但可以预见的是,随着生物学、脑神经科学、病理学、心理学等相关学科的发展,主司语言的官能属性问题也将越来越清晰、越来越细化。

4.5 结 语

最后,让我们对 Chomsky 的语言官能进行综述:语言官能是根植于人脑内部专司语言的生物构件,它是特定意义上的器官,具有特定的硬件功能,但又不同于电脑的硬件,损坏了可以更换,也不像心脏等器官发生病变后可以切除、移植。它如免疫系统一样,向人的"语言知识"发出特殊指令,使其按照特定的程序并遵循着特定的规则而"生长"。不过,这一"硬件"、"软件"具有不可分离性,二者结合起来就是个"软"、"硬"兼施的"天然产物",在人脑整个认知系统中构成一个相对独立和完整的子系统,发挥着生成"语言知识"的作用,同时又与其他认知子系统保持密切联系。

对语言官能的研究是集心理学,生物学、神经学、病理学等多学科为一体的综合性研究。未来的语言学研究必定不再是语言学家的专利,语言研究必定将与生物学、遗传学、心理学、病理学等学科联姻,共同探索人类大脑的奥秘。

参考文献

1. Ballmer, T. 1982. Bilogical Foundations of Linguistic Communication. Amsterdam / Philadelphia: John Benjamins Publishing Company.

2. Chomsky, N. 1971. Problems of Knowledge and Freedom. London: Richard Clay(The Chaucer Press)Ltd, Bungay, Suffolk.

3. Chomsky, N. 1975. Reflections on Language. New York: Pantheon Books, A division of Random House.

4. Chomsky, N. 1976. Reflections on Language. London: Temple Smith.

5. Chomsky, N. 1986. Knowledge of Language: Its Nature, Origin, and Use. New York: Praeger.

6. Chomsky, N. 1995. The Minimalist Program. Cambridge, MA: The MIT Press.

7. Chomsky, N. 2000. New Horizons in the Study of Language and Mind. Cambridge: Cambridge University Press.

8. Chomsky, N. 2005. Three factors in language design. Linguistic Inquiry (36) Winter.

9. Cook V. & M. Newson 著, 宁春岩导读, 2000. Chomsky's Universal Grammar: An Introduction. Foreign Language Teaching and Research Press, Blackwell Publishers Ltd.

10. Fitch, T., M. D. Hauser & N. Chomsky. 2005. The evolution of the language faculty: Clarifications and implications. Cognition (97): 179-210.

11. Hauser, M., N. Chomsky & T. Fitch. 2002. The faculty of language: what is it, who has it, and how did it evolve? Science 298 (22): 1569-1579.

12. Jackendoff, R. & S. Pinker. 2005. The nature of the language faculty and its implications for evolution of language (Reply to Fitch, Hauser, and

Chomsky). Cognition (97):211-225.

13. Pinker, S. & R. Jackendoff. 2005. The faculty of language:what's special about it? Cognition (95):201-236.

14. 蔡曙山. 没有乔姆斯基,世界将会怎样? 社会科学论坛,2006(6):5—18.

15. Jackendoff R. 著,束定芳评述.《语言能力的结构》述评. 当代语言学,2004(1):61—71.

16. 宁春岩. 对第二语言习得研究中的某些全程性问题的理论语言学批评. 外语与外语教学,2001(6):2—28.

17. 宋国明. 句法理论概要. 北京:中国社会科学出版社,1997.

18. 尤则顺. 乔姆斯基的唯理主义思想传统. 四川外语学院学报,2004(9):78—83.

19. 吴会芹. 叩响通天塔之门——我在麻省理工学院做高访. 杭州:浙江大学出版社,2010.

第 5 章　语言研究的生物学视角：Chomsky 的"语言知识"论

　　我们在第 4 章中探讨了普遍语法的关键词"语言官能"。我们将在本章探讨普遍语法的另一个关键词"语言知识"。

　　如前所述，普遍语法是 Chomsky 语言学理论的核心思想，它要回答的问题是人的语言能力究竟是从哪里来。Chomsky 将人类语言的起源归因为人类语言的生物学属性，由此，一个重要的生物学意义的概念——语言官能便在他的普遍语法理论中应运而生。语言官能能够产出"语言知识"（Knowledge of Language，简称 KL）。普遍语法研究的正是语言知识的构成、习得和运用问题。不过，由于汉语的"知识"一词与"语言知识"在概念上具有很大差异，这往往会使人们对"语言知识"产生误解。

5.1　"语言知识"困惑

　　首先，英语的"knowledge"在汉译时通常被译为"知识"，而"知识"又被释义为"人们在社会实践中所获得的认识和经验的总和"（《现代汉语辞典》（第 5 版），2005：1746）。这样，将语言知识看成是"与生俱来的生物遗传信息"，认为"语言知识和语言能力不同，语言能力可以消失，但语言知识不会因语言能力的消失而消失……"，以及"语言知识这个软件不是后天学来的，而是遗传下来的，这种先于经验的语言知识就是人们熟悉的语言习得机制或普遍语法"（宁春岩，2001），"语言知识的复杂性（迄今为止众多语言学家穷尽毕生精力也没能弄清语言系统的基本属性）和语言习得的便捷与必然性之间的矛盾无法从天赋论以外的角度作出更合理的解释"（戴曼纯，2002）等，就未免令人匪夷所思了。

然而，Chomsky 的"语言知识"与通俗意义上"知识"有着根本的区别。在我们看来，"知识"是指人们通过训练或经验学得的东西，其中牵涉信念（belief）问题。比如，如果你知道什么，你会信什么。然而这与"语言知识"没有丝毫联系。因此我们取了"能力"（competence）这个术语，为的是避免与英语中的用词"knowledge of language"相混淆。

Chomsky 曾以他的孙女和她的宠物黑猩猩、百灵鸟、kitten 猫等为例解释了"语言知识"这一概念。他说，他的孙女和她的宠物黑猩猩、百灵鸟、kitten 猫同处一个环境，但他的孙女却能分辨出与语言相关的部分，而其他动物则不能。这也许是个奇迹，或者是因为某种基因能力。我们假定不是奇迹，那就是某种基因能力。如果是基因能力，我们可以设法去寻找产生这一能力的理论。这个理论的名字就叫"普遍语法"（详见 Chomsky，载于吴会芹，2010）。

Chomsky（1986：10）指出，如果我们非要把语言能力（knowledge of language）理解为人们讲话和理解的实际能力，那么，其正式用法在许多场合必须得以修改。正如我们用正式用法描述以下情景一样，如果琼斯选修了公共口语课程并且在英语知识未发生任何改变的情况下提高了讲话能力，那么我们现在必须修改这一通常意义的用法，我们宁愿说，琼斯使用自己的能力（ability1）来讲话，来理解，而不是说他的能力（ability2）得到提高。其他场合也需要类似的译法。但是，Chomsky 又指出，两次出现的"ability"并非同一个意思。Ability1 指通常意义下的能力：这种能力既能提高也可以下降，也可以在决定知识的结果方面表现出不足,如此等等。而 ability2 则在我们使用它的能力发生变化时表现得相对稳定。即使我们找不到能够确切表达涵义的具体场合,我们仍然具备这种"能力"。Chomsky(1986:10)强调指出,我们有时候谈的的确是难以发挥出来的能力。他以游泳者为例,如果会游泳的人被捆上手脚,尽管他仍然具备游泳的能力,但却难以发挥。同时,Chomsky(1986:10-11)认为,我们之所以要将知识(knowledge)的含义减少,使它等同于能力(ability),其目的是为了避免在"知识"这一概念上产生疑惑。也正是缘由于此,我们就得先从它的基本用法谈起。否则,如果撇开它的基本用法,我们不但什么都理解不了,反而还会添加新的术语问题。可见,如何确定"知识的性质"(nature of our knowledge)(=ability2),并解释它的来源和用法,除了术语的改变,依然富有挑战性。

5.2 "语言知识"争议

Chomsky 在对语言能力的生物学基础进行论述时,原引他的研究生同学 Lenneberg 的关于语言与生物学研究中的经典思想,即对语言研究应致力于对人的生物禀性的研究。他认为这一目的是重建语言能力的生物学基础概念,它能使其中的假设具有清晰的解释力,并经得起实践的检验。他说"如果我们接受这种观点,就会在一开始把语言能力(language capacity)当做身体的生理器官,探讨它在个体和同类中的组织、功能和生长发育规律"(Chomsky,2005:185)。"如果大家能够像他一样接受 Lenneberg 关于语法规则内置于语言的加工机制的观点,那么语言的产出、认识、回忆及普遍使用的证据(原则上)就能经得起语法规则的检验,有时我们把它称为"语法能力"(grammatical competence)或"语言知识"(knowledge of language)"(Chomsky,2005:200-201)。在此,Chomsky 实际上已将"语言知识"等同于"语法能力"了。

如此一来,我们就不难理解对"语言知识"的描述了:"语言知识是赖以获得语言能力的先验的东西,是下意识的、不可学得的。语言能力可以因为实现它的物理实体的损坏而消失,但语言知识不会随语言能力的消失而消失"(宁春岩,2000)。"语言能力是与生俱来的生物遗传信息,具有软件指令作用","语言能力这个软件不是后天学来的,而是遗传下来的,这种先于经验的语言能力就是人们熟悉的语言习得机制或普遍语法"(宁春岩,2000)。"语言能力的复杂性(迄今为止众多语言学家穷尽毕生精力也没能弄清语言系统的基本属性)和语言习得的便捷与必然性之间的矛盾无法从天赋论以外的角度作出更合理的解释"(戴曼纯,2002)。

基于以上对"语言能力"概念的解析,我们便能够解释,一个不具备复杂的微积分公式和力学计算能力的优秀篮球运动员为什么可以在瞬间根据自己的位置和与篮筐之间的距离,判断用什么样的力量和弧度把球准确投中,而真正懂得这些公式和计算的科学家,往往打不好篮球。

微积分公式和力学计算等相关"知识",完全不能等同于Chomsky的语言"知识"。它是后天学来的,即"人们在社会实践中所获得的认识和经验的总合"。而儿童的语言能力则等同于普遍语法中的KL(ability2),它是存在于儿童大脑中的先天机制,它能使汉语为母语的人先天知道在主语和宾语的位置可以使用代词脱落(pro-drop),使英语为母语的人本能地知道在 wh 句型中疑问词需要移位(movement)从而得到提升(raising),而使用 put 时必须遵循规则①,使用 go 时必须遵循规则②,才能造出许多合法句子(见图5-1)。认为"语言知识不是先天的,它是后天人们依赖这些认知能力逐步习得的"(石毓智,2006),若将其作为普遍语法的反证则难免显得荒唐。而依据辩证唯物主义理论观点"人的知识和能力来源于实践",从而推理出"人的语言能力也不例外,也应该是来自实践"之的结论,则体现了作者对普遍语法中的"语言能力"理解的错位。因而,认为 Chomsky 的"语言知识天赋说"与马克思的"知识来源于实践"的唯物主义思想相违背(杨秀珍,2004)也成为料想之中的事。

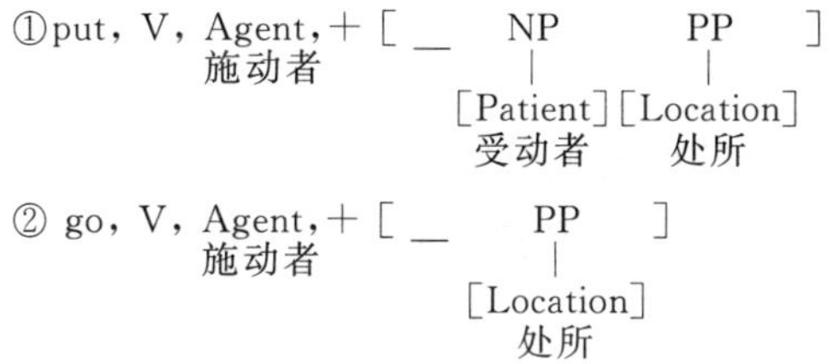

①put, V, Agent,＋[＿ NP PP]
施动者 | |
[Patient][Location]
受动者 处所

② go, V, Agent,＋[＿ PP]
施动者 |
[Location]
处所

图 5-1　wh 句型规则

可见,用具有"人类的认识成果并来源于实践"的通俗意义上的"知识"概念,来解释 Chomsky 的"语言知识",其中的误解将不可避免。因此,若能避开两个概念的意义误差,正确区分同一个词语的两个概念,便能消除许多误解。

5.3　"语言知识"中心议题

在对普遍语法理论的研究内容进行描述时,Chomsky(1985:3)列举了三个研究主题:

(1)语言知识是由什么构成的?

(2)语言知识是如何被习得的?

(3)语言知识是如何被应用的?

Chomsky 把(1)称为柏拉图问题(Plato's problem),把(2)称为洪堡特问题(Humboldt's problem),把(3)称为笛卡尔问题(Descartes' problem)。Chomsky(1985:3-4)声称,第一个问题的答案存在于具体语法中,它是关于懂得具体语言的人脑状态的研究。

而要回答第二个问题不仅要通过普遍语法理论的具体化方能实现，还要考虑适用于具体语言的规则以及相应的环境因素。普遍语法是关于语言机制初始状态的理论，这个机制先于任何语言经验。第三个问题回答的是关于习得的语言知识是如何表达思想的，如何理解所呈现的语言材料的。

Chomsky(1986:2)原引 Cudworth 的话说，"就语言习得而言，人们普遍认为心智并非像一个容器一样只能够装很多东西，它还能碰撞出火花，从沉睡中被唤醒"。他又引用 Harris 的话说，"知识的生长……如同……水果的长成一样；但是，外因的相互作用只是在一定程度上进行，而只有树种的内在能量和品质才能使其汁液成熟"。因此，就"语言"而言，其具体知识是沿着一条路径生长并走向成熟，其内在因素是这条路径的决定因素之一。发生的变化反映出应当遵循的使用方法，而不像视觉系统或其他身体"器官"那样是沿着一条由基因指令规定的路径发育生长，而基因指令又会因为环境因素受到改变。

Fukui 等按照 Chomsky(1986)与 Jenkins(2000)的论述，将生成语法的基本问题归纳为五项内容，即"语言知识"、"语言习得"、"语言使用"、"语言的生理基础"、"语言的起源与进化"。Fukui 等强调，首先必须澄清的是，生成语法一贯将语言定义为"人类心智/大脑中所具有的语言能力"(linguistic competence)，这种能力与普通意义上的语言不同。我们使用"语言"这个词语时，一般指具体语言，如英语、日语、斯华西里语等，我们这样做好像把它们当成个外在的实体。语言作为外在实体而存在的假设并非仅限于对语言的一般理解。(美国)语言结构语言学者也持同样的观点，早在当代生成语法得以创立的 20 世纪 50 年代之前，美国结构主义语言学者在语言学界(至少在美国)颇具影响。然而，正如人们(Chomsky,1986;Fukui,2001)广泛议论的那样，语言外在论的假设难以站得住脚。这是因为，外在论对语言的描述难以反映人类语言的基本特性。"语言"不可能独立于人类而存在,语言的基本特性只能存在于人类心智/大脑之中。因此,对语言的研究就是对人类大脑的研究。

基于上述论断,Fukui 等认为,问题(1)中提到的语言知识问题是对人在能够讲第一语言时其大脑究竟包含何种知识问题的探讨。Fukui 等解释说,这里的"知识"大部分场合指的是下意识的(subconscious)或隐性(tacit)的知识,即讲话人并未准确意识到的知识。Fukui 指出,如果这一概念的用法容易产生误解,我们可以换个词,称之为"能力"(competence)。不过,Fukui 等认为这样做同样容易产生误解,唯一能做的是,依据相关领域的给定定义,尽可能去理解相关术语,不要被这一术语在其他领域的众多使用所误导。因此,我们使用"语言知识"这个术语,是指能够使人讲解和理解那门语言的"某一门语言的知识",如操这门语言的讲话者具有的语言能力。按照常规术语(Chomsky,1986),我们将"I-语言"(Internal Language)称为"语言知识"也称"具体语法",以示与 E-语言(External Language)的区别。Fukui 等认为,I-语言是说话人内在大脑特定构件的(相对)稳定状态。既然人类是自然世界的一部分,那么,I-语言在自然世界中也必然占有一席之地。

5.4　结　语

可见,普遍语法是关于语言内在机制的理论假说,是对具有遗传生物属性或遗传基因特点的"语言习得官能"的研究,其目的是要揭示长期困扰人类的柏拉图问题、洪堡特问题和笛卡尔问题。

"普遍语法"、"语言官能"和"语言能力"既有密切联系性,也存在着差异性。"普遍语法"是对人类语言的普遍认识,它是语言研究的理论概念,"语言官能"是在语言的生物秉性研究中产生的生物语言学概念，而"语言能力"则是一个以"语言习得"为中心议题进行研究时的概念。正确理解这些基本概念是正确理解和研究 Chomsky 语言学理论的基础。

参考文献

1. Ballmer，T. 1982. Bilogical Foundations of Linguistic Communication. Amsterdam / Philadelphia：John Benjamins Publishing Company.

2. Chomsky，N. 1986. Knowledge of Language：Its Nature，Origin，and Use. New York：Praeger，3.

3. Chomsk，N. 2004. The Generative Enterprise Revisited. Berlin & New York：Mouton de Gruyter.

4. Chomsky，N. 2005. Three factors in language design. Linguistic Inquiry (36) Winter：1-22.

5. Chomsky，N. 2005. Rules and representations. New York：Columbia University Press.

6. Cook，V. & Newson，M. 著，宁春岩导读. 2000. Chomsky's Universal Grammar：An Introduction. Beijing：Foreign Language Teaching and Research Press. & Blackwell Publishers Ltd.

7. Crystal，D. , P. Fletcher & M. Garman. 1978. The Grammatical Analysis of Language Disability. New York：Elsevier.

8. Fitch，W. T. , Hauser M. D. & Chomsky，N. 2005. The evolution of the language faculty：Clarifications and implications. Cognition (97)：179-210.

9. Fukui，N. & Zushi，M. 2004. Translated by Kobuchi-Philip，M. Introduction for The Generative Enterprise Revised. Berlin • New York：Mouton de Gruyter.

10. Hauser，M. , N. Chomsky & T. Fitch. 2002. The faculty of language：what is it, who has it, and how did it evolve? Science. Vol. 298 (22) Nov：1569-1579.

11. Jackendoff, R. & S. Pinker. 2005. The nature of the language faculty and its implications for evolution of language (Reply to Fitch, Hauser, and Chomsky). Cognition (97): 211-225.

12. Judy, P., 1998. The New Oxford Dictionary of English. Oxford: Clarendon Press.

13. 戴曼纯. 生成语法研究中的天赋论、内在论和进化论观点. 外语教学与研究,2002(7):255—262.

14. 宁春岩. 对第二语言习得研究中的某些全程性问题的理论语言学批评. 外语与外语教学,2001(6):2—28.

15. 束定芳.《语言能力的结构》述评. 当代语言学,2004(1):61—71.

16. 石毓智. 乔姆斯基"普遍语法"假说的反证——来自认知心理学的启示. 解放军外国语学院学报,2005a(1):1—9.

17. 石毓智. 乔姆斯基语言学的哲学基础及其缺陷——兼论语言能力的合成观. 外国语,2005b(3):2—13.

18. 石毓智. 乔姆斯基语言学科学性的质疑——回应王强和 Chomsky 的批评. 外国语,2006(4):47—56.

19. 吴会芹. 叩响通天塔之门——我在麻省理工学院做高访. 杭州:浙江大学出版社,2010.

20. 杨秀珍. 普遍语法真的存在吗? ——兼论柏拉图的形相学说. 国外外语教学,2004(2):1—5.

21. 中国社会科学院语言研究所词典编辑室. 现代汉语词典(第5版). 北京:商务印书馆,2005.

第6章 语言研究的生物学视角：
"唯递归运算机制"假设

我们在第 4 章和第 5 章中反复提到"语言"这个概念，指出不同的人群对"语言"有着不同的理解。而在语言学界内部，对"语言"的定义也存在巨大差异。从语言的形式来看，语言有书面语、口语甚至肢体语言（body language）。那些不会说话的聋哑人即使没有口语和书面语，但却不能说他们没有语言，因为他们在交际过程中能够创造肢体语言（也称"非言语语言"，non-verbal language）。然而，上述定义却为"语言"研究带来麻烦，因为按照这个定义我们很难将"语言"界定为"人类特有"（human-unique），因为除人类以外的其他动物都毫无例外地拥有肢体语言。因此，在研究人类语言的同时，为了术语使用的方便，"语言"被分解为广义语言、狭义语言两个类型。广义语言指人类及其他动物共享的语言，包括口语、书面语及肢体语言，狭义语言指人类语言特有的内容。

生物语言学的现代化发展带动了人类与非人类动物语言官能的差异研究。为什么鸟类的歌声其声调、音域如此丰富和宽广但却不能称之为语言？为什么黑猩猩的声带远不及鸟类的发达因而发不出动听的音乐，但它们却有一定的人类语言习得能力？为了弄清其间的差异，Hauser、Chomsky 及 Fitch 依照人与动物的语言产出器官——语言官能的差异进行了基因代码组合形式的划分，在此基础上，他们将其以物种基因树形图（phylogenetic tree）形式标示为几个等级,人类居首位,猿次之,而飞虫类位居底层,他们①(Hauser,Chomsky & Fitch,2002,以下简称 HCF)还将语言官能进行了广义和狭义的划分,并提出"唯递归运算机制"的假设。这一经典性文献堪称生物语言学界影响最大、引用次数最多的文献。

6.1 "唯递归运算机制"假设

文中,HCF 将语言官能划分为广义语言官能(Faculty of Language in Broad Sense,简称 FLB)和狭义语言官能(Faculty of Language in Narrow Sense,简称 FLN),其中绝大部分 FLB 的特征为人与动物所共有,唯有 FLN 唯人类特有,其中最为核心的构件是人类特有的递归运算机制,它是六百万年以前人类开始与自己的祖先——猿人发生质的分离时期语言官能进化的产物。

"唯递归运算机制"的提出,在西方语言学界、认知学界立刻掀起巨大波澜,并在世界著名学术期刊《认知》(Cognition)上引发出一场以 Jackendoff 为首的认知学派和以 Pinker 为首的心理学派的高端对决。

语言是否唯人类特有(human-unique),递归是否唯人类语言独有(human language unique)? 这是近年来生物语言学研究的中心内容。围绕递归是否唯人类特有,生物语言学界展开了与考古学、人类学界的语言进化研究和人类与动物语言的差异研究。语言进化研究表明,FLB 远远早于语言的产生,FLB 为人类与其他动物共享的认知、感知机制。然而,FLN 掌管的运算机制是很有限的,它的外显形

---

① 感谢 Chomsky 向笔者透露了本文发表时的一段背景:FHC 发表于《认知》上的文章起初是作为 PJ 的回应,考虑到 Hauser 和 Fitch 坚持要对来自 PJ 的批评做出反应,所以 FHC 发表了回应性文章。但应 Mehler 编辑的要求,该文需要删减。因此,Chomsky 建议将他自己撰写的部分删掉。后来发表的论文大部分是 Hauser 和 Fitch 之作,而 Chomsky 撰写的部分上传到 Hauser 的个人主页上。

式只限于狭小的句法范畴及其映射接口，其核心构件就是递归运算机制，它是人类特有的语言机制构件（Hauser，Chomsky & Fitch，2002：1571-1573）。

作为一个假设，虽然"唯递归运算机制"的提出具有一定的可接受性，然而，要想展开论证并最终使该假设得到验证，其道路则并非一帆风顺，有时甚至会异常艰难。

在对人类与动物的实验研究中，HCF发现，人与动物虽然在分类感知、言语产出、语言意义单位重构、数字推演等方面都具有一定的能力，但两者所表现出来的程度差异大相径庭。比如，就感觉—运动系统的比较研究而言，传统观点认为，言语感知是基于人类的特有机制，该机制为适应言语的感知和/或产生而发生变化。就感知而言，许多物种能够利用共振峰在对人的声音的分辨和概括方面表现出很强的能力。这些数据不仅能够说明它们具有分类感知能力，而且还能将各音素之间的典型声音加以分辨。就言语产出而言，飞鸟与除人类以外的灵长类动物能够很自然地发出共振峰，并感知同类特有的声音。而有些哺乳动物虽然也有下降的喉道，但却明显不具备发声功能，说明动物间的模仿能力分布很不均匀，有些动物如百灵鸟、海豚等和人类完成了特别模仿能力的进化过程；其他动物如猿类和猴类，要么不具备这些能力，要么虽然具备这些能力，但在形式上却表现贫乏。而近半个世纪对动物与人类的比较研究表明，除人类以外，没有任何其他动物能够将具有意义的单位重新组合成无限的更大的单位结构（Hauser，Chomsky & Fitch，2002：1574-1576）。

运算能力的研究表明，人类与其他动物虽然都具备运算能力，包括精确的小数运算和模糊的大数推演。然而，人类在大数字上所表现出的无穷而精确的量化能力却是独特的。这与语言官能相吻合，因为数字运算能力依赖于递归运算（Hauser，Chomsky & Fitch，2002：1577-1578）。

6.2 "唯递归运算机制"假设之博弈

"唯递归运算机制"假说一经提出便引来诸多争议,最为引人瞩目的当属以 Jackendoff 为首的认知学派和以 Pinker 为首的心理学派的质疑。

PJ 首先从语法角度分析了"唯递归假说"的缺陷,认为该假说忽视了语音、形态、格、一致等语法方面的非递归特征。然后从发音系统角度指出人类语言的语音系统与其他动物具有明显的差异,这一系统既是语言的特有官能,也为人类所特有。他们还引用人类声带的解剖实验成果,即言语感知不可能只局限于灵长类动物的发音,单词的习得也不只限于对事实的习得,至少有一种基因参与了言语和语言活动,以此表明人类声带的独特性是任何其他动物所不能共享的,从而证明 HCF 的"唯递归假说"与解剖学和人的声带神经控制相悖,并据此提出:语言是人类世系进化的结果,而非递归的产物(Pinker & Jackendoff,2005:202)。将语言中的递归视为其他认知系统中递归能力的新成员的说法会有很多麻烦,因为这些问题也是航行(navigation)和数字(number)所遇到过的:如航行并非离散性的无限;递归数字的认知寄生于语言,而不是语言寄生于数字的认知;语言的映射发生在递归系统的内部,而不在某个递归系统的直线性外在化过程(Pinker & Jackendoff,2005:231)。因此,PJ 认为语言是交流知识和意图的适应性产物。这种说法相比之下却能避免很多麻烦。PJ 还从行为学和基因学角度论证了语言的呈现是部分特征化的多元表现,而不是将一个构件(递归)嫁接到另一个不变的动物体上(Pinker & Jackendoff,2005:231)。

就语言官能概念的广义、狭义划分而言,JP(Jackendoff & Pinker,2005:211-225)对这一做法予以认同,但他们又同时认为,这一分析框架未能涵盖几个特定的重要假说，如将"适应"进行"当前使用"（current utility）和"功能起源"（functional origin）的二元划分容易疏漏可能产生的"当前适应"（current adaptation）等，因此认为"唯递归"说不应视为适应交际的产物。就"唯语言"与"唯人类"两个概念而言，JP认为二者既可以被解释为对概念进行绝对的、类别化的、整体的或零的划分，同时也可以理解为对概念进行等级划分，这就意味着这一特征在重要方面与它的祖先完全不同。至于语言节奏的运用，其实音乐、舞蹈、甚至灵长类动物的表演中都会有节奏的运用。因此，对语言构件进行生物分类至少应允许这样一种可能，即语言中可能会有超出普通节奏能力以外的言语节奏。

JP还就FOXP2基因等问题进行了辨析，认为FOXP2虽与其他哺乳动物的相似基因同属于一个家族，但其排序却是人类特有的。而FHC却利用二者间的相似将其归为FLB。JP还从人类面部的突出特征、人类与猩猩的能力及生活方式等方面，说明FHC对语言官能的广义和狭义之分降低了广义语言官能中唯人类特有的并易于言表的特征，其弦外之音在于：它未能在近期人类语言自然选择的历史中出现，这就解释不清语言进化的问题。

就"唯递归假说"而言，JP认为"FLN只有在狭义句法和映射接口中出现时才含有核心递归运算机制"的说法具有歧义，它可以理解为"只有（在狭义句法和映射接口中）出现时才含有核心性递归运算机制"，还可以理解为"（只有在狭义句法中出现时才含有核心性递归运算机制）和（只有在映射接口中出现时才含有核心性递归运算机制）"。这样，FHC所希望的"避免困惑"便成了无用功。

此外，JP就语言官能的划分"意在为跨学科研究提供术语支持，它明显够不上一个能够经得起验证的假说"的说法缺乏理论的真诚，因为HCF将递归视为核心内容。更重要的是，这个操作核心却排除了词库，因为单词不是运算操作，而是具有语音、句法和语义特征的联系体(associations)。

据此,JP 认为不能说递归特征是保证人类语言进化发展的唯一(Pinker & Jackendoff,2005:211-225)。

6.3 Chomsky"最简方案"如是说

如前所述,FHC(2005)文中由 Chomsky 撰写的部分内容由于篇幅所限而被删减,但后来放在 Hauser 的个人网站,作为对 PJ 的回应。

文中,Chomsky, Hauser 和 Fitch①(2005:1-22,以下简称 CHF)首先回顾了普遍语法思想产生的背景,强调"最简方案"是个研究方案而不是理论。虽然语言的实证性性质不可能有最简假设,但可以立项探讨语言研究的核心问题。由于普遍语法必须满足的两个条件(生成可以习得的 I-语言和对其习得做出解释)使语言进化的研究前景遥远,这样,研究的主要目的需要借助更广泛的解释原则来减少假定过的描述性技巧。然而,这种研究曾经面临难以逾越的概念性障碍,直到有了原则—参数理论,该项研究才有了进展(Chomsky,1995:1-2)。

文中,CHF(2005)建议用几种有趣的方式来研究 SMT:FLN"在狭义句法和映射接口中显示时只包含核心递归运算机制",HCF 建议将音系学、形式语义学、词库结构等包含进来,因为它们是语言特有的,属于 FLN 内容。而"核心递归运算机制"包括合并操作及其满足的原则。

此外,CHF(Chomsky et al. , 2005)还剖析了 PJ 的论述之所以

---

① 详见 Chomsky, N. , M. D. Hauser, W. T. Fitch. Appendix (unpublished). The Minimalist Program. http://wjh. harvard. edu/%7Emnkylab/LPPI. html.

与其主题无关的根源及 PJ 对半个世纪以来的思想和之前的传统语法的误解的根源（吴会芹，2009）。

6.4　余　论

当前，就语言狭义官能的假设至今尚无定论。不过，这一争议在人文与自然学界的影响却是广泛而深远的。围绕"唯递归运算机制"假设的大讨论由此带动了以语言学为导向的许多交叉学科的发展。如今，生物语言学、进化—发展语言学、神经语言学等交叉学科已在西方蓬勃发展，高端科研成果已经不再属于语言学家的专利。随着语言学与其他学科的交叉发展，人类语言的奥秘必将揭开一层神秘的面纱。语言研究魅力无穷，召唤着具有探索精神的各方学者。

参考文献

1. Chomsky, N. 1995. The Minimalist Program. Cambridge, MA: The MIT Press.

2. Chomsky, N., M. D. Hauser, & W. T. Fitch. Appendix (unpublished). The Minimalist Program. http://wjh. harvard. edu/%7Emnkylab/LPPI. html.

3. Fitch, T., M. Hauser & N. Chomsky. 2005. The evolution of the language faculty: Clarifications and implications. Cognition (97): 179-210.

4. Hauser, M. D., N. Chomsky & T. Fitch. 2002, The faculty of language: what is it, who has it, and how did it evolve? Science. Vol 298 (22) Nov: 1569-1579.

5. Jackendoff, R. & S. Pinker. 2005. The nature of the language faculty and its implications for evolution of language (Reply to Fitch, Hauser, and Chomsky). Cognition (97): 211-225.

6. Pinker，S. & R. Jackendoff. 2005. The faculty of language：what's special about it? Cognition（95）：201-236.

7. 吴会芹."语言官能"假说之争中的高端对决.外国语,2009(4):63—70.

第7章 Chomsky 的普遍语法:概念解说

7.1 "普遍语法"与"普遍唯理语法"

　　提起 Chomsky 的普遍语法,无人能够绕得过《普遍唯理语法》(*General and Rational Grammar*)这部著作。当年,Chomsky 曾声称《普遍唯理语法》为其生成语法理论的始创源头,"当前的转换生成语法理论本质上是波尔罗瓦雅尔理论的现代的、亦且更明确的表达"(Chomsky,1966:38-39)。虽然学界对于 Chomsky 的这一说法有种种猜测(姚小平,2001),但正是由于 Chomsky,《普遍唯理语法》开始受到西方学界的重视。

　　《普遍唯理语法》又名《波尔·罗瓦雅尔语法》,它是最早使用理性审视、梳理语法现象的著作之一(张学斌,2001)。该著作者之一朗斯诺曾经投身于各种不同语言的语法研究,两位作者试图探索人类语言结构的共性视为本著作的最终目标。如作者通过对形容词的理性审视后发现,形容名词之所以不能独立存在,并非因为它不具有显明的词意,而是因为它具有一个有待于明示的意义。因此,"红色的"只是表示"红色"却没有明示这一"红色"的实体。此外,这部著作的语言虽为法语,其许多语料依据也来源于法语,但它却不是一部法语语法书。因为书中所涉语言除了法语、德语西班牙、意大利语等现代地方(vernacular)语言之外,还有拉丁语、希腊语、希伯来语等古典语言,因此可以说它是一部名副其实的普遍语法书(陈国华 1997)。由于这部著作认为语法是唯理的,因而语言运作的根本原因只能到理性中去发现。因此,探究人类语言的共性,找到"那些造成一切语言的共性和某些语言的特征原理"则是本著作的目标之一。

Chomsky 将"语言的共性"称为"普遍语法",而"某些语言的特征"则是普遍语法理论中的"具体语言"(particular language)的特征。此外,《普遍唯理语法》中的递归装置(recursive device)是"任何一种充分的语言理论都必须具备的方法,它使得有限手段的无限运用成为可能"。

通用语法(General Grammar)是普遍语法的另一个相关术语,它的出现始于 17 世纪前期。18 世纪,由于理性语法家的领军人物将通用语法定义为"一门演绎性科学,其关注点在于口语或书面语永恒不变的普遍原则及其结果",因而语言科学(science of language)并未与思维科学(science of thought)区别开来。Chomsky 认为,从传统的理性主义角度来看,具体语法(particular language)并非真(true)科学,而是一门艺术(art)或技能(technique),它展现的是语言如何帮助人类实现推理过程的普遍原则(general principles)。

20 世纪 80—90 年代,Chomsky 对生成语法提出重大改革,认为语言官能(language faculty)包含着产生结构表达式的生成程序。这一特定语言的相关理论便是该语言的语法,而研究各语言及其产生表达式的则是普遍语法理论。此时,Chomsky 分别用"先天决定的语言官能"(genetically determined language faculty)、"语言习得装置"(language acquisition device)、"人脑内在构件"(innate component of the human mind)等概念来解释他的普遍语法理论,认为普遍语法可以被理解为是对"先天决定的语言官能的特征化"描述,这一官能可以理解为一个"语言习得装置",它是人脑的一个"内在构成部件",这个装置能将经验(experience)转化为习得能力即某一语言能力系统(Chomsky,1986:3)。

普遍语法是关于语言内在机制的理论,是对具有生物遗传属性或遗传基因特征的"语言习得官能"(language acquisition faculty)的研究。它试图解释"语言能力"是由什么构成的这一洪堡特问题(Humboldt's problem)、语言能力系统是如何出现在心智(大脑)中的柏拉图问题(Plato's problem),以及这些知识是如何运用于口头(或书写)的笛卡尔问题。比如,根据 X-标杆理论(X-bar theory),指示语(Specifier)、附加成分(Adjunct)和补足语(Compliment)在句法中必须遵守下述原则,即:

Specifier rule:XP → (YP) X'

Adjunct rule:X'→ X'(ZP) 或 X'→ (ZP)X'

Compliment rule:X'→ X(WP)

然而,这些原则并非适用于其他语言。要想解决这个问题,就需将上述原则概括为:

Specifier rule:XP → (YP) X'或 XP → X'(YP)

Adjunct rule:X'→ X'(ZP) 或 X'→(ZP)X'

Compliment rule:X'→ X(WP)或 X'→(WP)X

(Carnie,2002:130)

概括的原则具有一定的可选性(optional),这就是为什么不论何种种族、何种民族、何种性别、何种肤色的儿童投放在哪种语言群体,他们进行特定语言习得的过程中都会通过一定的参数设置,从而将有限的原则生成无限的句子。

由此可见,Chomsky 的普遍语法是关于人类特有的语言机制的研究,它是"由人类语言共享的原则、条件和规则组成的系统,是人类语言的本质所在"(Chomsky,1976:29)。

7.2 "普遍语法"核心思想

Chomsky 的普遍语法内容很广,所涉内容包括语言哲学、心理认识论基础、语言研究对象、语言研究方法等许多重大理论问题。但其核心内容则是关于人脑究竟是怎么产出语言的问题。美国结构主义认为,人的大脑生来如同一块白板,需要经过后天的学习方能得到语言。行为主义的"刺激—反应"模式则认为,人要学习语言必须先接受语言环境的刺激,这一刺激经过学习者的大脑产生反应之后才能有语言。行为主义与结构主义都倡导语言的后天性。针对这一观点,Chomsky 提出了完全相反的思想,他认为人生来就有语言能力,这就是语言的"先天性"。支持 Chomsky 这一观点的是他对以下两种问题的思考:一是假如人的大脑生来就是一张白板,那么为什么人能学会说话而其他动物则不能;二是假如"刺激—反应"模式能够产生语言,为什么小孩生下来无论投放在哪个环境都能学会那里的语言,而成人则不行。基于以上的思考,Chomsky 认为把人的语言能力归为后天是不可靠的。语言具有先天性和遗传性,它是人类与生俱来的能力。需要注意的是,Chomsky 的语言先天论并未排除后天环境对语言的影响。他认为,就像人的身体可以生长一样,人的语言也是需要与后天的语言环境进行交互才能得到健康成长,否则,一个生来就被隔离人群的野孩子就不会没有正常的人类语言。还有一点需要注意,Chomsky 的"语言能力"(Language Competency)与"语言知识"(Knowledge of Language)两个概念由于汉译原因未能体现其本质。实际上,"语言知识"在一定程度上等同于"语言能力",它是人类与生俱来的能力①。此外,还有一点需要特别注意,为了让大家充

---

① 关于"语言知识"的概念问题详见第 5 章。

分理解语言的"先天性"和"习得性"，Chomsky 将语言划分为"内在语言"（Internal-Language，简称 I-语言）和"外在语言"（External-Language，简称 E-语言）[①]。

为了证明人类大脑中具有一定的普遍原则，Chomsky 从语言事实出发，创立了"管辖—约束理论"（Government and Binding，简称 GB），说明人类大脑的语言系统在习得和使用任何语言时都遵循特定的普遍原则，而这些原则是先天规定的，后天习得的语言经验则是对每个原则进行参数设置罢了。这就是著名的"原则—参数理论"，是 Chomsky 的普遍语法思想的重要理论内容。20 世纪 90 年代，"管辖—约束理论"的模型被提升为"最简方案"（The Minimalist Program，简称 MP），主张要用最简主义（minimalism）方法创建简明的理论框架，并将生成语法理论的构建过程抽象概括为最简单化过程，最终将最初的"管约论"模型简化为最简模式。

由于这个模式看起来很像一个倒置的 Y，因此人们形象地将最简方案模型称为"Y-模型"（Y-Model）。这个系统模型是由一个数据性的词库（lexicon）和一个"运算系统"（computational system）构成。运算系统在与以"语音系统"的接口处生成"语音表达式"（PF），在以"思维系统"的接口处生成"逻辑表达式"。PF 表达式向掌管语音的认知子系统发出的命令，LF 表达式是向掌管思维的认知子系统发出的指令。如果生成的表达式就是可以执行的指令，其表达式就会"顺理成章地生成"（coverge），否则就会"崩溃"（crash）。语言系统的任务就是将 PF 表达式和 LF 表达式成功地推导出来。

如图 7-1 所示，当词库中的词项被代入运算系统 D-结构进行运算时，运用短语结构规则（1）就能生成 D-结构（D-Structure）；运用规则（2）进行运算就能生成 S-结构（S-Structure）；如果应用规则（3）就

---

① 关于"I-语言"和"E-语言"问题详见第 5 章。

能把S-结构直接转换为语音表达式PF；如果应用规则（4）就能把S-结构转化为逻辑表达式LF。

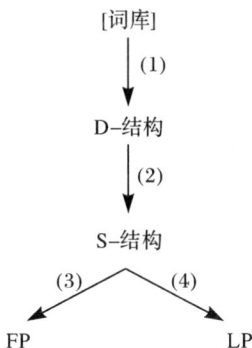

图 7-1　Chomsky 的最简方案模型

Chomsky 的生成语法始终关心人类大脑究竟是如何产出语言的这个问题。从 Lenneberg 提出"语言生长关键期"的假设以来，语言已经开始将生物学元素纳入人类语言的研究中去。而失语症的发现又从另一个方面推动了生成语法理论的发展，它使语言问题开始注入与脑科学的成分，从而使语言研究开始成为一门与自然科学相交叉的科学。

7.3　"普遍语法"论证

虽然 Chomsky 认为，人脑中有一个主司语言的"先天装置"（device），这个语言官能（language faculty）的存在能使人在几年的时间内自然掌握某一具体语言，并且本能地知道一个语言单位的中心语应该在前还是在后，该语言中是否应该使用"代词脱落"（pro-drop），在对语言进行被动式与主动式、陈述式与疑问式句法转化时是否需要移位（Movement），在结构树形图中节点（node）的名称、位置、属性和各节点间的关系是否具有管辖和约束作用等，而无需他人指导。但是，由于早年时普遍语法假说在生物学、遗传学及神经学等领域尚未找到足够的直接证据，致使许多专家对其持怀疑态度，甚至否定普遍语法的存在。然而，当神经语言学兴起之后，有关人类语言的奥秘开始有了实证性研究，尤其是功能性核磁共振技术（fMRI）的发展，使得人类对大脑有了无损伤性研究，这就使得语言功能定位研究大大向前迈进一步。如德国汉堡—埃彭多夫大学医学院的科尔内留斯·魏勒教授，通过对 8 名意大利学生与 8 名日本学生的语言习得进行了研究，结果显示，人类大脑的神经系统在学习各种不同语言时能作出相应积极反应。在他们设计的实验中，参加实验的学生首先分别学习各自语言的 6 条语法规则，其中 3 条是真实存在的，而另 3 条则是自由编撰的。之后，科学家再给出一系列不同的语句，让这些学生鉴别是否符合刚刚学习的语法规则。借助于磁共振成像技术，科学家对被试者在试验中的大脑活动进行了检测，结果发现，在被试大脑处理真实语法规则时，其大脑的布罗卡区（broca）非常活跃，而在处理虚构语法规则时，该区域活动不明显。

这项研究证实，人类大脑中先天存在一种跨越不同语言的语法通则，语言获得的过程实际上就是"普遍语法"向个体语法（即特定语言的语法）转化的过程。在此基础上，人类大脑的神经系统在学习各种不同语言时能够做出相应积极反应，从而证实人脑中先天存在一定的"普遍语法能力"。

当然，普遍语法还有待于更多的证据加以验证，不过，无可否认的是，随着人类对语言官能认识的逐步深入，关于人类语言普遍语法的假说是否成立也将会越来越清晰。

参考文献

1. Carnie，A. 2002. Syntax，A Generative Introduction. Malden（US），Oxford（UK），Carlington（Australia）：Blackwell Publishing.

2. Chomsky，N. 1976. Reflections on Language. New York：Pantheon Books，A division of Random House.

3. Chomsky，N. 1986. Knowledge of Language as a Focus of Inquiry，From Knowledge of Language：Its Nature，Origin，and Use. New York：Praeger：1-14.

4. Fitch，W. T. Hauser，M. & D. Chomsky，N. 2005. The evolution of the language faculty：Clarifications and implications，Cognition（97）：179-210.

5. Hauser，M. D. Chomsky，N. & Fitch，W. T. 2002. The faculty of language：what is it，who has it，and how did It evolve? Science. Vol 298（22）Nov：1569-1579.

6. 姚小平主编，安托尼·阿尔诺，克洛德·朗斯诺著，张学斌译，姚小平校注.语言学名家译丛：普遍唯理语法. 长沙：湖南教育出版社，2001.

7. 陈国华.普遍唯理语法和《马氏文通》.国外语言学，1997(3)：1—11.

第8章　Chomsky 的普遍语法:短语语类

8.1　语类规则表达式

数学有多项式,如 $xy+z, x(y+z)$,其各个项目之间的关系紧密度是通过括号加以表征的。语言结构中的各个成分之间也存在一定的关系度,有的词项虽相邻但却关系未必密切,如在句子"孩子们喜欢读小人书"中,"读"虽与"小人"相邻,但两者间的关系并不十分紧密。相反,与动词"读"关系最为密切的则是与之并不相邻的词项"书"。语言句子中各类词项及短语之间的关系密切度在线性句子中是无法直接表现的,但借助于数学多项式的表现方式,其间的关系就能非常明晰地予以表达。

通常情况下,我们使用中括号将句子的各个语类成分进行标记,这样,句子中各个成分间的句法关系就能清楚地表现了。

(1)［［孩子们］［喜欢］［［读］[小人书]］］］

同理,英语句子间的各个关系也能通过括号予以标记。为了标明各个句法成分的语类,我们通常在每个语类成分的首段加上下标处理的符号 N、V、D、S,其中 N 代表名词(Noun),V 代表动词(Verb),D 表示限定(Definite),如:

(2)［$_N$ John］［$_V$ got］［$_D$ an］［$_N$ idea］

由于各个短语语类分别可以分解为不同的子类成分,如名词短语语类(Noun Phrase,NP)可以改写为 D＋NP,NP 又可以扩展为 D＋N,因此,(3)又可以表达如下：

(3)[$_{NP}$[$_N$ John]][$_V$ got][$_{NP}$[$_D$ an][$_N$ idea]]

如果我们用 S 表达一个句子的话,那么(3)就可以表示如下：

(4)[$_S$[$_{NP}$[$_N$ John]][$_{VP}$[$_V$ got][$_{NP}$[$_D$ an][$_N$ idea]]]]

由于句子 S 是由名词短语(NP)加动词短语(VP)构成,NP 可以拓展为限定(D)＋名词(N),动词短语(VP)可以拓展为动词(V)＋介词短语(Preposition Phrase,简称 PP),因此我们可以根据句子或短语规则推导如下：

(5)S → NP＋VP

　　NP → D＋N

　　VP → V＋PP

　　PP → P＋NP

这样,根据(5)中的相关规则,"John got an idea."就被逐一推导出来,其终极符号对应词如下：

(6)N　　　　John

　　V　　　　got

　　D　　　　an

　　N　　　　idea

句法学中还有一种表达句子各成分关系的方法,这就是倒立的树形图。我们把句子置于树形图的底端,其中的各个成分分别用相应的终极符号标示,再把这些终极符号沿着树杈向上投射并交汇于一个语类符号标示的节点,直至到达其最大投射。

（7）

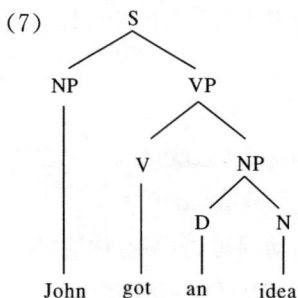

8.2 短语语类

以下我们将以直观的树形图形式分析各短语语类的句法结构。

8.2.1 动词短语语类

首先看动词短语语类"got an idea"的树形图。

（8）

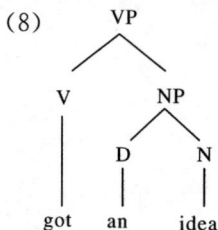

如（8）所示，VP 由中心语 V（got）＋名词短语 NP（an idea）构成，名词短语由冠词 D（an）＋名词 N（idea）构成。

8.2.1 名词短语语类

根据语类规则 NP→DP，那么 NP（an idea）就可以改写为 DP。我们将 the 视为 DP 的中心语，这样，NP 或 DP 的树形图如下：

(9)
```
        NP/DP
       /    \
      D      N'
      |      |
      |      N
      |      |
      an    idea
```

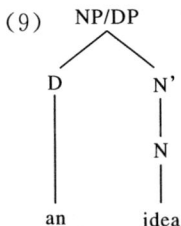

我们知道,名词短语内既可以包含形容词短语(AP),同时也可以包含介词短语(PP),构成复杂的 NP 式。如果用树形图表达,其结构之间的关系可以一目了然。比如,我们通过树形图的分叉形式表达 a good idea 这个名词短语 NP,其分叉的节点属于左向分叉。

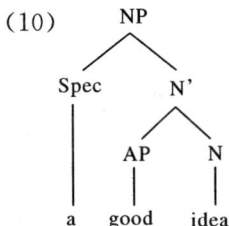

(10)
```
          NP
         /  \
      Spec   N'
       |    /  \
       |   AP   N
       |   |    |
       a  good idea
```

然而,NP 又可以容纳包含介词短语 PP 或句子 CP 的成分。要想用树形图表达这样的结构关系,除了需借助于(10)图的左向分叉之外,还要加上 PP 或 CP 节点的右向分叉,如:

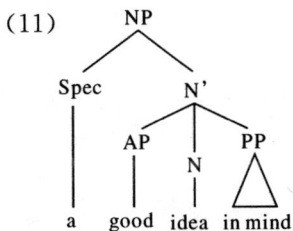

(11)
```
           NP
          /  \
       Spec   N'
        |    / | \
        |   AP N  PP
        |   |  |  /\
        a good idea in mind
```

不过,汉语的 NP 用树形图表达则呈现不同的表达方式。

（12）

```
                    NP
              ┌──────┴──────┐
              D            N'
              │       ┌─────┴─────┐
              │      PP          N'
              │       │      ┌────┴────┐
              │       │     AP        N
              │       │      │         │
             那位  桌子旁边的   小      女孩
```

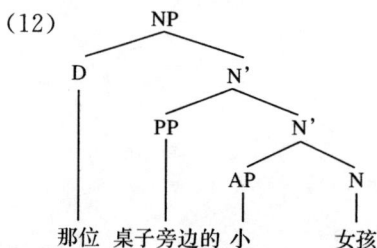

（9—12）显示，英语 NP 的修饰语既可以出现在中心语"女孩"的左侧（词类修饰语），又可以出现在其右侧（如介词短语和定语从句）。而在汉语中，无论 NP 的修饰语是形容词 AP 还是介词短语 PP 或是句子 CP，都需置于 NP 的左侧。Chomsky 把语言中的这种差异称为语言的参数差异，也就是说，人类语言的结构遵循着特定的语法规则（普遍语法），但特定的语言则有其不同的表现形式（参数特征）。如果我们对语言的普遍语法和特殊语言所表现出的参数特征进行高度概括，就可以用以下形式进行表达。

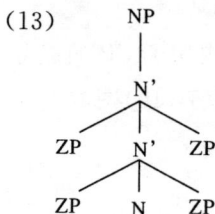

（13）

```
                 NP
                 │
                 N'
           ┌─────┼─────┐
          ZP    N'    ZP
            ┌────┼────┐
           ZP   N    ZP
```

可见，人类语言的表达遵循着同一种普遍规则（普遍语法），其区别则在于它们的参数变化罢了。

8.2.3　动词短语语类

动词语类与前文提到的名词短语语类相似。

许多语言（如英语）的动词宾语往往置于动词之后。VP 由中心语 V（rent）＋名词短语 NP（a room）构成，名词短语由冠词 D（a）＋名词 N（room）构成。

（14）

```
        VP
       /  \
      V'    NP
      |     /\
      V    /__\
    rent   a room
```

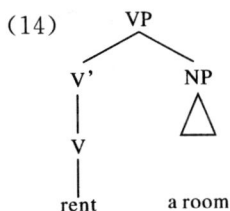

但动词短语的附加语则置于动词前，如：

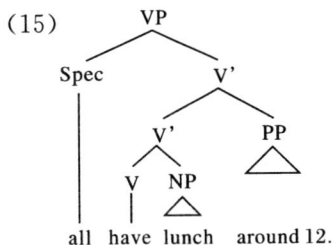

（15）

```
           VP
          /  \
       Spec   V'
        |    /  \
        |   V'   PP
        |  / \   /\
        | V  NP /__\
       all have lunch  around 12.
```

如果用树形图对动词语类的结构特征进行高度概括，得（16）：

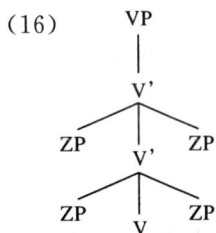

（16）

```
        VP
        |
        V'
      / | \
    ZP  V'  ZP
       /|\
     ZP V ZP
```

8.2.4 介词短语语类

再来看看介词语类的树形图。

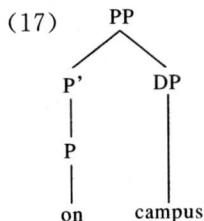

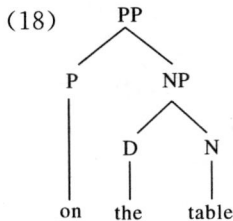

（17）

```
      PP
     /  \
    P'   DP
    |    |
    P    |
    on  campus
```

（18）

```
       PP
      /  \
     P    NP
     |   /  \
     |  D    N
     on the  table
```

如(17)所示，介词宾语 campus 必须置于介词 on 的右侧。但是，如果 PP 含有修饰语成分 AdvP，就必须置于 PP 的左侧，如(19)所示。

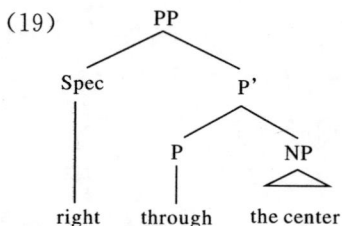

(19)

```
            PP
          /    \
       Spec     P'
        |      /   \
      right   P     NP
              |      /\
          through  the center
```

如果我们对上述 NP、VP、PP 等语类的树形图结构进行概括，则能提炼出它们之间高度一致的结构内容，如(20)所示。

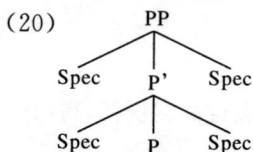

(20)

```
            PP
         /  |  \
      Spec  P'  Spec
          /  |  \
      Spec   P   Spec
```

那么形容词短语语类又当如何呢？我们不妨再做进一步的探讨。

8.2.5 形容词短语语类

形容词短语（AP）语类中既有左向节点（如 21 中的指示语 rather），同时也能在其右侧添加节点 PP（如(22)中的 PP）。

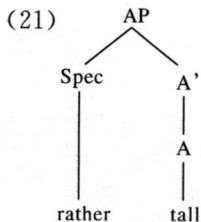

(21)

```
            AP
          /    \
       Spec     A'
        |       |
      rather    A
                |
              tall
```

（22）

```
              AP
           /      \
        Spec       A'
          |       /   \
          |      A     PP
          |      |     /\
         very  afraid of snake
```

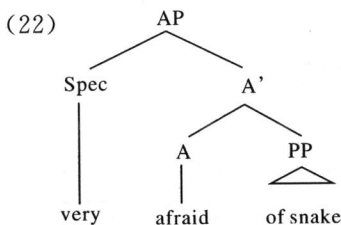

我们对（21—22）的结构图进行高度概括，得（23）。

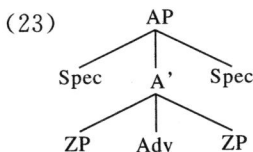

（23）

```
              AP
          /   |   \
       Spec   A'   Spec
        |   /  |  \   |
       ZP  Adv    ZP
```

8.2.6 副词短语语类

同理，当我们进一步对副词短语语类进行树形图描述时，它的结构也表现出与 NP、VP、PP、AP 相同的特征（如 24—25 所示）。

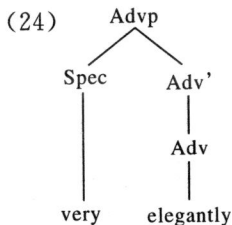

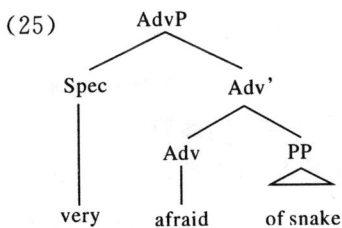

（24）

```
            Advp
          /      \
       Spec      Adv'
         |         |
         |        Adv
         |         |
        very    elegantly
```

（25）

```
            AdvP
          /      \
       Spec      Adv'
         |       /    \
         |     Adv     PP
         |      |      /\
        very  afraid of snake
```

8.3 短语语类中的普遍语法

从前文中可以看出，无论是 NP、VP、PP、AP 还是 AdvP，其短语结构在树形图中都表现出相同的模式。如果我们把 N、V、P、A 以及 Adv 概括为一个变项 X，那么上述 NP、VP、PP、AP 与 AdvP 的树形图就可以概括为（26—27）。

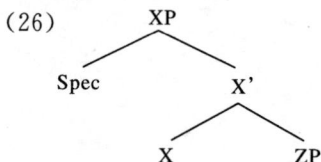

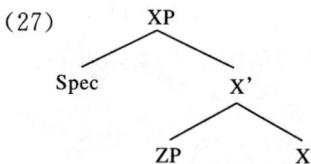

（26）

```
           XP
          /  \
       Spec   X'
             /  \
            X    ZP
```

（27）

```
           XP
          /  \
       Spec   X'
             /  \
            ZP    X
```

而（26—27）又可以概括为用（28）。

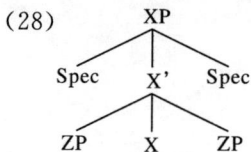

（28）

```
            XP
          /  |  \
       Spec X' Spec
           /|\
         ZP X ZP
```

最简方案的词库认为，每个人都掌握至少一种语言，这些语言的各个词项及其所携带的读音、意义、词性、用法等特征都存储在词库中。每个人还掌握了遣词造句的规则。运用掌握的句法知识从词库中选取词项，就能造出句子。最简方案认为，人类语言只有一套句法体系，即人类通用的语言运算系统（human language computational system）。由于不同语言的词库具有不同的词和词特征，因此，每一种语言的运算系统操作起来也不尽相同，产出的句子也不尽相同。

Chomsky 将各种语言间的差异称为语言的参数。人类自然语言的短语语类无不遵循了上述结构组成人类语言的语序，体现了人类语言中的普遍语法。

参考文献

1. Chomsky，N. 1993. A minimalist program for linguistic theory. In K. Hale & S. Keyser（eds.）The View from Building 20. Cambridge，MA：The MIT Press.

2. Chomsky，N. 1995. The Minimalist Program. Cambridge，MA：The MIT Press.

3. Chomsky，N. 2000. Minimalist inquiries：The framework. . In R. Martin，D. Michaels & J. Uriagereka（eds.）Step by Step：Essays on Minimalism in Honor of Howard Lasnik. Cambridge，MA：The MIT Press.

4. Chomsky，N. 2001. Derivation by phase. In M. Kenstowicz（ed.）Ken Hale：A Life in Language. Cambridge，MA：The MIT Press.

5. Chomsky，N. 2004. Beyond explanatory adequacy. In A. Belletti（ed.）Structures and Beyond：The Cartography of Syntactic Structures. Oxford：OUP.

6. Chomsky，N. 2005a. Three factors in language design. Linguistic Inquiry 36(19)：1-22.

7. Chomsky，N. 2005b. On phases. In C. Otero et al.（eds.）Foundational Issues in Linguistics Theory. Cambridge，MA：The MIT Press.

8. Chomsky，N. 2006. Minimalist Syntax，manuscript. University of Essex，UK.

9. Cook V. & M. Newson. 2000. Chomsky's Universal Grammar：An Introduction. Beijing：Foreign Language Teaching and Research Press.

10. 何晓炜. 语段及语段的句法推导. 外语教学与研究，2007(5)：345—351.

11. 李梅，赵禅. 话题之功能短语分析. 外语教学与研究，2002(4)：

248—254.

12. 李梅,赵卫东.现代汉语中体的最简方案分析.外国语言文学,2008(1)：9—16.

13. 石定栩.乔姆斯基的形式句法.北京：北京语言大学出版社,2002.

14. 温宾利.当代句法学导论.北京：外语教学与研究出版社,2002.

第9章　Chomsky 的普遍语法：
功能语类

　　自然语言的构成不仅包含了 NP、VP、PP、AP、AdvP 等短语语类,同时还包含了承载功能的句法成分,如英语中表示屈折的功能成分-es,-ed,-ing 以及从句的连接词 that,which,who,when,where 等,汉语中表示体功能的"了"、"过"、"着"等。虽然它们自身并不表达确切的语义,但在句子结构中的功能作用则不容忽视,换句话说,如果句子中缺少了它们的存在,句子的结构不仅会出现混乱局面,而且句子的语义还会不明不白。

9.1　轻动词功能语类

　　轻动词的概念最早是由 Jesperson(1954)提出的,他把现代英语中名化动词之前出现的意义较为抽象的动词称为"轻动词"。Cattell(1984)对轻动词的概念再解时把句子(1b)中语义较轻的动词 *make* 称为轻动词,而承载动作的成分则由尾随其后的名化动词来表达(见 1b)。

(1) a. Jennifer *dashed* across the road.

　　b. Jennifer *made a dash* across the road.

　　其中(1b)中的复合动词词组 *make a dash* 经由(1a)中的 *dash* 分解而生成。

　　Chomsky(1995)对句子的内部结构进行句法分析时继续沿用了

轻动词这个概念，他把经 *shelve* 分解的词项之一 *put* 称为轻动词，*put* 在新的句法环境中承载了较轻的语义。

汉语中有大量词汇意义虚但句法功能强的一批动词，它们在生成语法框架下被纳入轻动词的范畴。如动词短语"写毛笔"，其轻动词"写"的生成过程如（2）所示。

（1）显示，轻动词"写"原本位于 VP 中的 V 位置，经过提升之后移到 v 处。

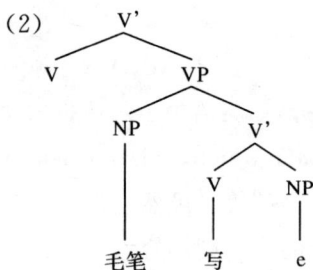

（2）

```
              V'
          ┌────┴────┐
          V         VP
                ┌────┴────┐
               NP        V'
                      ┌───┴───┐
                      V      NP
                      │       │
   毛笔     写     e
```

（冯胜利,2005）

9.2 屈折功能语类

英语等语言中含有大量的屈折成分，在功能语类框架下，生成语法将含有屈折成分的句子看做一个 IP（Inflection Phrase）语类，其中心语 I 是表示句子时态、主谓一致关系等句法关系的功能成分（徐烈炯,2009:289），如（3）所示。

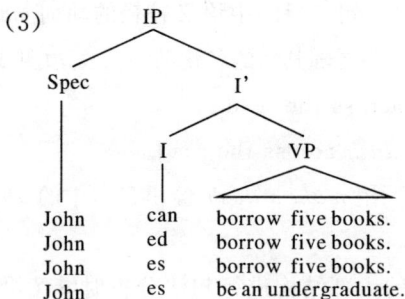

（3）

```
              IP
        ┌─────┴─────┐
       Spec         I'
                ┌────┴────┐
                I        VP
```

John	can	borrow five books.
John	ed	borrow five books.
John	es	borrow five books.
John	es	be an undergraduate.

在(3)中,动词的屈折成分 can,-ed,-es 等被视为功能中心语 I。虽然它们本身并不表达一定的语义,但是,如果把它们从句子中剔除,句子就不合法。为了达到理论上的统一,功能语类仍然沿用了短语语类中的 Phrase 概念,将含有屈折功能中心语 I 的句子视为一个功能语类用 IP 表示。

(3)显示,以 I 为功能中心语的 IP 既有左向分枝的节点(Specifier),也有右向分枝的节点(如 VP)。

将 IP 的树形图所体现的语言结构进行概括,就能得(4)。

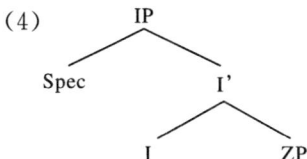

(4)

```
        IP
      /    \
   Spec     I'
           /  \
          I    ZP
```

(4)显示,IP 的结构与短语语类结构具有高度的相似性:它们都有自己的指示语(Specifier)和附加语(Adjunct)。

9.3　时态功能语类

由于 I 并非一个独立的词项,需要作为词缀附加在动词之后方可显性,因此,有学者提议将屈折功能语类 IP 分解为 AgrP 和 TP,前者表示一致关系(Agreement),后者表示时态(Tense)。这样,(4)转化为简化的(5)。

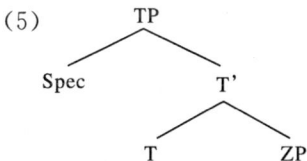

(5)

```
        TP
      /    \
   Spec     T'
           /  \
          T    ZP
```

以(5)为框架,含有时态成分的句子可描述为(6)。

（6）

```
                    TP
              ┌──────┴──────┐
           Spec            T'
            │         ┌─────┴─────┐
            │         T          VP
            │         │         ╱──╲
          John       ed     lose his bag.
          John       es     be depressed.
```

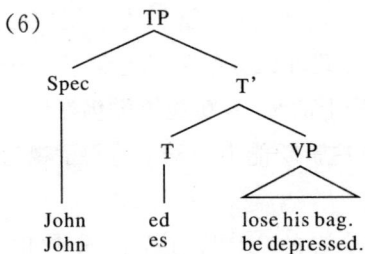

9.4　一致关系功能语类

同理，（5）还可以转换为（7）。

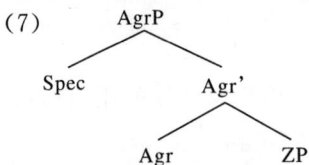

（7）

```
            AgrP
        ┌────┴────┐
      Spec       Agr'
              ┌───┴───┐
             Agr      ZP
```

这样，一个含有一致关系的功能语类 AgrP 便可以在（7）框架下
描述为（8）。

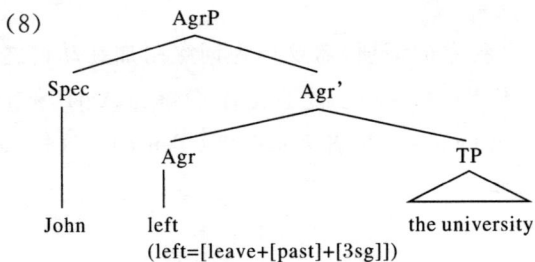

（8）

```
                  AgrP
           ┌───────┴───────┐
         Spec             Agr'
                    ┌───────┴───────┐
                   Agr             TP
                    │             ╱──╲
          John     left      the university
                (left=[leave+[past]+[3sg]])
```

9.5　标句词功能语类

如果将标句词 that，which，who，when，where 等视为一个句
子的标记 C（Complimentizer），那么这个句子就成了 CP，其中 C 为中

心语。CP 与 IP 一样都属于功能语类。通常情况下,CP 可以包含 IP,IP 也可以包含 CP。

从理论上讲,这种句式结构可以依此无限循环,往复无限,体现了语言的递归性。然而,现实生活中的语言应用却是不可能无限循环往复的,因为这不符合人类语言的生物秉性。本章只关注 CP 结构所蕴含的普遍语法,而对其生物属性暂不展开讨论。

如果按照 IP、TP、AgrP 的思路将 CP 进行树形图分析,其结构如下。

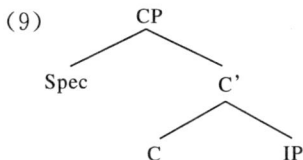

(9)

```
            CP
          /    \
       Spec     C'
               /   \
              C     IP
```

如(9)所示,以 C 为功能中心语的 CP 其结构中也包含左向节点的指示语 Specifier 和右向节点 IP,这不仅与 IP、TP、AgrP 等功能语类的树形结构图同在一个模式下,而且还与短语语类的 NP、VP、PP、AP、AdvP 等结构的树形图结构框架高度一致(如(10)所示)。

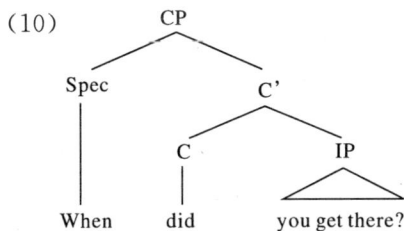

(10)

```
                CP
              /    \
           Spec     C'
                   /   \
                  C     IP
                  |    /  \
                 did  you get there?
         When
```

When   did   you get there?

9.6 体功能语类

现代汉语中有四个明显的体标记,分别是表示完成的体标记"了"和"过"以及表示未完成的体标记"着"和"在"。李梅(2008)将现代汉语的体标记结构树形图分析为(11):

（11）

```
          AspP
         /    \
      Spec    Asp'
             /    \
          Asp      XP
           |
          -了
          -过
          -着
           在
```

（李梅，2008）

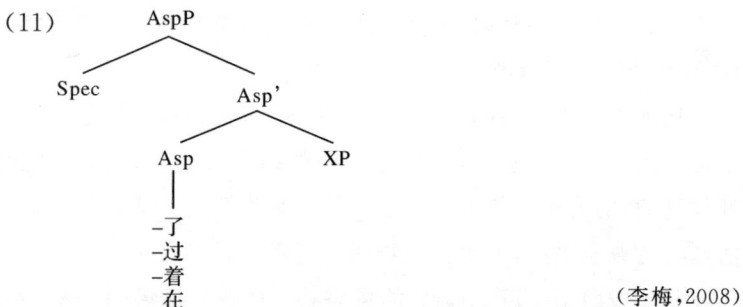

如（12）所示指示语 Spec 由 SOV 结构中的宾语承担，XP 由动词短语 VP 承担。这样，以体标记为中心语的功能语类结构如下：

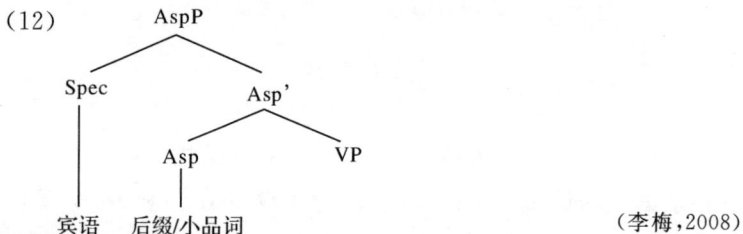

（12）

```
          AspP
         /    \
      Spec    Asp'
             /    \
          Asp      VP
           |
          宾语  后缀/小品词
```

（李梅，2008）

其中，"了"、"着"、"过"为粘附动词之后的词缀，"在"则为小品词（李梅，2008）。

（12）显示，体标记功能语类 AspP 的树形图结构与 IP、TP、AgrP、CP 在结构上如出一辙，表明它与其他功能语类一样能够被纳入普遍语法的范畴。

9.7　主题功能语类

话题句是将句子的某一成分提升至句首的句子。由于提升的成分在句中需要达到被强调的效果，因此它往往与原来的句子以逗号隔开，从而既达到凸显该成分的功能作用，同时又不破坏原有的句子结构。

我们在此引用李梅（2002）文中的例子，看看话题功能语类 TopP

在句法树形图中的结构如何。

（13）那件事啊，我一直没提。

（14）

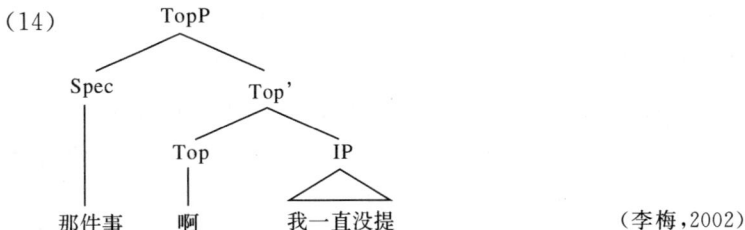

(李梅,2002)

（14）显示，TopP 功能语类中的中心语位置由话题指示词"啊"占据，其指示语 Spec 位置则由话题填充，同时选择 IP 为补语。这样，TopP 功能语类的树形图结构与其他功能语类表现一致。

9.8　功能语类中的普遍语法

假如我们把一个句子或一个短语描述为一个含有 X 变量的 XP，那么每一个 XP 都一个指示语（Specifier），它在不同的语言类型中所处的句法位置也有所不同，有的语言的指示语位于 X 的左位，而有的语言的指示语则位于 X 的右位。语言间的这种差异构成各种具体语言的参数特征。

（15）

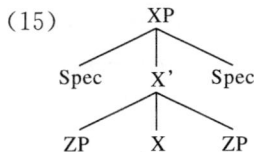

最简方案将语言的句法结构操作方法概括为两个核心内容，一个是合并（Merge），一个是移位（Move）。这种二元（binary）结构法是先把结构中的两个成分合并起来，然后再与其他成分合并。任何语言结构都是以同样的方法反复递归生成。用合并方式组成的句子，其线性顺序始终遵循着一条普遍规则：标志语—中心语—补足

语,即主语—动词—宾语(SVO)结构。任何语言的指示语都处于中心语之前。如果假定 SVO 为人类语言的基本语序,那么无论是普遍存在的 SOV、VSO 语言,还是罕见的 OSV、OVS、VOS 语言,都可视作是移位的结果(Kayne,1994;徐烈炯,2009)。

功能语类的差异是造成各个语言之间结构差异的根本动因(Chomsky,1993,2000,2001)。而核心功能语类在决定语言结构及其差异方面发挥着关键作用(何小伟,2004:2-10)。

参考文献

1. Jesperson, O. 1954. A Modern English Grammar on Historical Principles. London: George Allen & Unwin.

2. Cattell, R. 1984. Syntax and Syntax 17: Composite Predicates Interesting English. Academic Press Australia.

3. Chomsky, N. 1993. A minimalist program for linguistic theory. In K. Hale & S. Keyser (eds.) The View from Building 20. Cambridge, MA: The MIT Press.

4. Chomsky, N. 1995. The Minimalist Program. Cambridge. Cambridge MA: The MIT Press.

5. Chomsky, N. 2000. Minimalist inquiries: The framework. In R. Martin, D. Michaels & J. Uriagereka (eds.) Step by Step: Essays on Minimalism in Honor of Howard Lasnik. Cambridge, MA: The MIT Press.

6. Chomsky, N. 2001. Derivation by phase. In M. Kenstowicz (ed.) Ken Hale: A Life in Language. Cambridge, MA: The MIT Press.

7. Chomsky, N. 2004. Beyond explanatory adequacy. In A. Belletti (ed.) Structures and Beyond: The Cartography of Syntactic Structures. Oxford: OUP.

8. Chomsky, N. 2005a. Three factors in language design. Linguistic

Inquiry 36(19):1-22.

9. Chomsky，N. 2005b. On phases. In C. Otero et al. （eds.） Foundational Issues in Linguistics Theory. Cambridge，MA：The MIT Press.

10. Chomsky，N. 2006. Minimalist Syntax，manuscript. University of Essex，UK.

11. Cook V. & M. Newson. 2000. Chomsky's Universal Grammar：An Introduction. Foreign Language Teacing and Research Press.

12. Kayne，R. 1994. The Antisymmetry of Syntax. Cambridge，MA：The MIT Press.

13. 冯胜利.轻动词移位与古今汉语的动宾关系.见冯胜利.汉语韵律语法研究.北京:北京大学出版社,2005:312—342.

14. 何小伟.核心功能语类与汉英两种语言的结构差异研究.外国语,2004 (5),2—10.

15. 何晓炜.语段及语段的句法推导.外语教学与研究,2007(5):345—351.

16. 李梅,赵禅.话题之功能短语分析.外语教学与研究,2002(4):248—254.

17. 李梅,赵卫东.现代汉语中体的最简方案分析.外国语言文学,2008(1):9—16.

18. 石定栩.乔姆斯基的形式句法.北京:北京语言大学出版社,2002.

19. 温宾利.当代句法学导论.北京:外语教学与研究出版社,2002.

20. 徐烈炯.生成语法理论:标准理论到最简方案.上海:上海教育出版社,2009.

大脑篇

乔姆斯基认为,人类语言的外在表述形式虽然千姿百态,但其底层则无一例外地表现出相同的模式,无论它发生怎样的变化,都始终遵循着人类语言特有的普遍原则(普遍语法),区别仅在于其中的参数不同罢了。因此,从理论上讲,找出各语言间的通用规则,将自然语言中的有限用法投入到无限的使用中去,就能扫清因语言不通而产生的交际障碍。

　　本篇首先以失语症为例,向读者展示人类大脑的某个区域一旦发生病变就会产生语言障碍,说明人类语言的生成具有一定的生理与生物基础。语言是由基因决定的,是先天的,也是遗传的。失语症、孤独症及阿斯伯格综合征的语言缺损现象为这一论点提供了科学依据。本篇还就孤独症及阿斯伯格综合征患者的语言使用情况进行了案例分析,是笔者进行跨学科汉语语言研究的开创性尝试。最后,本篇还从语言研究的脑信息学视角,在生成语法理论框架下就目前使用频率较高的汉—英、英—汉机器翻译系统,包括 google 翻译系统、百度翻译系统及有道翻译系统在英汉翻译中存在的问题进行了实例分析,并给予这些问题以语言学理论层面的剖析,就如何将语言学理论应用于机器翻译进行了实践性和应用性探索。

第 10 章　语言研究的脑科学视角：脑结构

我们在第 2—6 章从生物学视角探讨了语言研究的相关议题。我们将在第 10—11 章从脑科学视角探讨语言的相关议题。本章先介绍脑的基本结构及大脑中的几个主要语言功能区。

脑（brain or encephalon）位于颅腔内，由左、右两个半球构成。连接两个脑半球的中间部分叫胼胝体。根据脑的发生、发育及其功能，脑又可分为大脑（cerebrum）、小脑（cerebellum）、间脑（diencephalon）、中脑（mesencephalon or midbrain）、脑桥（pons）和延髓（medulla oblongata）6 个部分组成（如图 10-1 所示）。

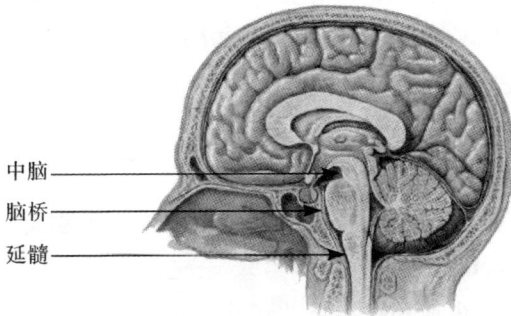

中脑 ————
脑桥 ————
延髓 ————

图 10-1　脑（百度文库：大脑解剖）

脑的各个组成部分归类如下（如图 10-2 所示）。

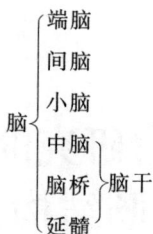

$$
脑 \begin{cases} 端脑 \\ 间脑 \\ 小脑 \\ 中脑 \\ 脑桥 \\ 延髓 \end{cases} \left.\begin{matrix} \\ \\ \\ 脑桥 \\ 延髓 \end{matrix}\right\} 脑干
$$

图 10-2　脑结构

10.1　脑　干

脑干（brain stem）位于颅底内面的斜坡上，分为四个部分，自上而下依次为间脑（diencephalon）、中脑、脑桥及延髓（蒋文华等，2002）。由于间脑结构较为复杂，通常情况下，人们会将间脑从脑干中分离出来。因此，脑干有时也是中脑、脑桥和延髓三个部分的合称（白丽敏，蒋国华，2011）。

脑内有腔隙，称为脑室。大脑的左右半球各有一侧脑室，间脑内的裂隙称第三脑室（third ventricle），中脑有一细管，称为中脑水管。脑桥、延髓和小脑之间的裂隙称为第四脑室（fourth ventricle），有 10 对脑神经与脑干相连，向下与脊髓中央管连接，向上与中脑髓管相通。

延髓的外形像个倒立的圆锥体，长约 3cm，最宽处约 2cm，其上部膨大，下部细小。与延髓相比，脑桥的形体更为膨大，腹侧面宽阔庞大，长约 2.5cm。

中脑是脑干中最短的部分，长 1～2cm，连接脑桥、小脑和间脑。

脑干的内部与脊髓一样也是由灰质和白质构成的。灰质被纤维束分隔成大小不等的灰质团或短柱，称为神经核。白质主要由上、下行纤维束构成。

除了灰质和白质以外,脑干内还有许多纤维束以及纵横交错的神经纤维编织成的网状结构(reticular formation of brain stem)。脑干的网状结构可以发出下行的网状脊髓束,止于脊髓前角的 α 和 γ 神经元,从而兴奋或抑制骨骼肌的运动。由于延髓中上部的网状结构存在许多与生命活动有关的中枢,如心跳中枢、血管运动中枢、呼吸中枢等,因此延髓具有"生命中枢"的美称。网状结构可以通过自主神经和内分泌活动,达到调节呼吸、血管运动及内部感受器的活动。网状结构可以把各种感觉冲动广泛地传到大脑皮质区,它不但引起皮质特定区域对痛、温、触、压的特异感觉,而且保持大脑皮质处于清醒或警觉状态。若网状结构受损,动物或人可长期处于睡眠状态。此外,有人提出它与意识活动和条件反射的形成有关。

脑干不但是重要的皮质下感觉中枢,既有一般感觉,又有特殊感觉(视觉、听觉、平衡觉)和本体感觉,还有内脏感觉的皮质下中枢。而且还是重要的皮质下躯体运动中枢和自主神经中枢,调节身体姿势、躯体运动和内脏活动。

10.2 小 脑

小脑位于大脑枕叶的下方,即延髓和脑桥的背面,其主要功能是维持身体平衡,调节肌肉张力,协调肌肉活动。小脑一旦受损,就会出现肌张力的改变和病态运动。由于小脑是通过不同途径接受经脊髓、前庭、大脑皮质等传入神经各部的位置、运动状态等信息,并对其进行综合分析,再经往返纤维组成反馈环路,以达到各部的功能,所以,小脑只是个运动调节中枢,而不是运动指挥中枢(如图 10-3 所示)。

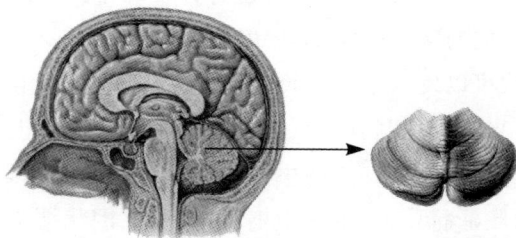

图 10-3　小脑

　　小脑外形酷似一只蝴蝶。如果按照它的进化、功能和纤维联系进行分类，小脑可分为三个叶：古小脑（archicerebellum）、旧小脑（paleocerebellum）及新小脑（neocerebellum）。三叶均是维持身体平衡的重要中枢，按其接受信息的不同渠道，其功能分工如下：古小脑主要工作于躯干肌及眼外肌运动神经元，维持身体平衡，协调眼球运动。若古小脑发生损伤，就会出现站立不稳，行走摇晃不定等症状；旧小脑的主要功能在于控制肌肉的张力，维持身体的姿势和平衡，若旧小脑损伤，就会出现病灶侧肢体肌张力降低，以及平衡失调症状。此外，旧小脑的损伤还会使语言发生障碍，如发音困难、语速减慢等；新小脑的功能主要是对大脑皮质运动的控制。如果新小脑损伤，就会发生四肢精细运动的协调运动障碍，如不能准确地发出指向，运动过度等，对语言的影响则表现在患者会出现书写障碍。

10.3　间　脑

　　间脑位于中脑之上、大脑两半球之间，大部分被两侧大脑半球掩盖着，中央有一矢状腔隙即第三脑室。间脑可分为背侧丘脑（即丘脑）、上丘脑，后丘脑，底丘脑和下丘脑，其中上丘脑位于第三脑室顶部，连有松果体；底丘脑与中脑相接壤，只能从切面上见到（如图 10-4 所示）。

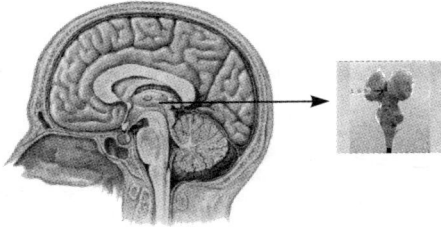

图 10-4　间脑

　　丘脑由一对卵圆形灰质团块组成,左右各一,是间脑的最大组成部分。几乎所有的传入(感觉)纤维在到达大脑皮质前,都要在这里交换神经元,因此,它不仅是一个简单的中继站,而且能进行复杂的分析与综合,是重要的皮质下感觉中枢。

　　下丘脑位于丘脑下方,是自主神经、内脏活动和调节内分泌机能的较高级中枢,参与机体的情绪反应、水盐代谢、体温调节、血压和食欲等的调节活动。

　　后丘脑位于丘脑的后下方,是听觉中枢和视觉中枢。

　　上丘脑(epithalamus)位于背侧丘脑的后上方,胼胝体压部的下方。

　　低丘脑(subthalamus)是间脑与中脑被盖的过渡区,低丘脑一旦受损,可出现舞蹈状及抽搐状病症。

10.4　大　脑

　　大脑又称端脑(telencephalon),是中枢神经的最高级部位,由左、右两个半球构成。大脑的两半球之间有一横行纤维束,称为胼胝体。每侧大脑半球表面都有一层灰质,称大脑皮质。皮质深面是白质,白质当中埋藏着一些灰质团块,称基底核。每侧半球里都有腔隙，称侧脑室（如图 10-5 所示）。

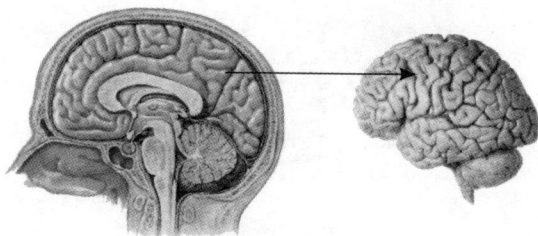

图 10-5　大脑皮层的沟与回

10.4.1　大脑半球外部结构

大脑半球表面凹凸不平，形如核桃仁一般，是大脑的皮层，其中凸显的地方叫做脑回（gyrus），凹陷的地方叫做脑沟（sulcus）。大脑半球的沟回越多，脑功能就越发达。

10.4.2　大脑内部结构

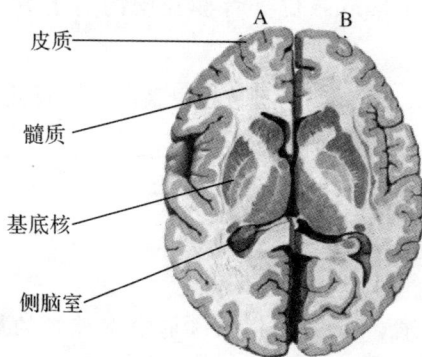

图 10-6　大脑内部结构（百度文库：大脑解剖）

10.4.3 大脑皮质

大脑半球表面的灰质部分称为大脑皮质（cerebral cortex）。大脑皮质位于大脑的表面，是神经系统发育最复杂和最完善的部位。

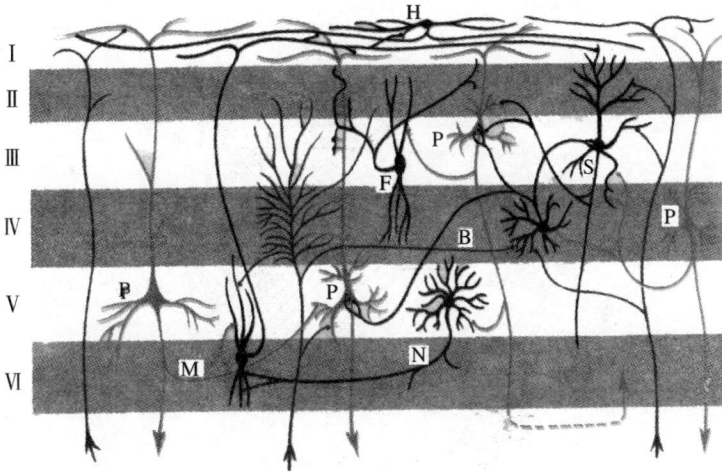

图 10-7　大脑皮质的六层结构（百度文库：大脑解剖）

大脑皮质内的局部环路是协调大脑神经活动的重要途径，也是分析、存储神经信息的物质基础。正是由于大脑皮质神经元之间存在广泛而复杂的神经环路，才使得大脑皮质具有高度的分析、综合能力，从而能够完成人类特有的一系列复杂的思维活动，产生并顺利执行人类特有的语言活动。

10.4.4 大脑皮质分区

大脑半球的外侧有三条明显的脑沟，即外侧沟、中央沟和顶枕沟。它们将大脑的外侧一分为四，构成额叶、顶叶、颞叶和枕叶（如图10-8所示）。

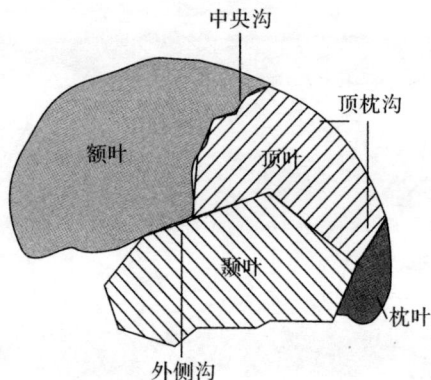

图 10-8 大脑半球的沟与叶

10.4.5 大脑皮质功能定位

人类大脑皮质的各个部位位置不同、薄厚相异，其纤维的密度及细胞的分布也存在较大差异。为了研究方便，学界按照皮质细胞及纤维的结构对大脑皮质进行了不同的分区，其中 Brodmann 的 52 分区法是目前学界应用最广的一种。

Brodmann(1909)曾将大脑皮质分为 52 区（如图 10-9 所示），每个区对应特定的功能。

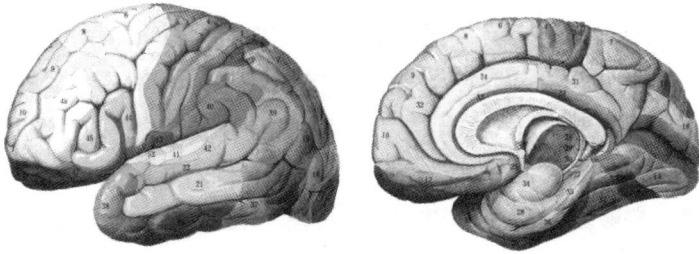

图 10-9 Brodmann 的 52 个分区

10.4.6 大脑皮质语言区

大脑皮质上具有管理机体各种功能活动的最高中枢,有一般中枢、语言中枢等。一般中枢由第一躯体运动中枢(first somatic motor area)、第一躯体感觉中枢(first somatic sensory area)、视觉中枢(visual area)和听觉中枢(auditory area)组成。语言中枢由运动性语言中枢(motor speech area)、书写中枢(writing area)、听觉性语言中枢(auditory speech area)和视觉性语言中枢(visual speech area)组成(如图 10-10 所示)。

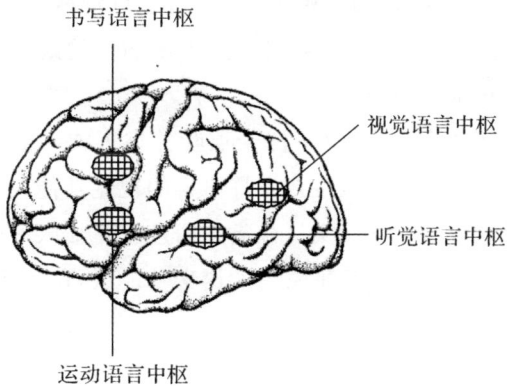

图 10-10 语言中枢

随着影像学技术的发展及脑科学研究的不断深入，人类对大脑皮层的功能定位研究有了更多的认识。研究显示，机体的各种功能活动在大脑皮质都具有定位关系，其中，语言区的功能定位研究在神经语言学研究中尤为重要，尤以患有语言缺陷的病人及其脑尸体解剖为主要数据或证据来源。由于借助于先进的技术（如功能性核磁共振等）能够达到无创性结果，这些技术在语言科学研究中倍受青睐。

有人发现，如果右利手者的大脑左半球受到损伤，99％的人会引起失语症，而大脑右半球受到损伤，其言语功能则不会受到什么影响。正是基于上述发现，多数人认为人类大脑的语言区主要位于左侧半球①，也叫优势半球（dominant hemisphere）。迄今为止，有关语言区定位的研究还存在许多争议。不过，由于其中的两个语言区的最早发现，它们在大脑功能区及语言学界具有较大的影响力。这两个语言区一个是位于额下回的 Broca 区，也称运动性语言区（motor speech area）。由于该区受损而发生的失语病症叫做运动性失语症，主要表现为说话含糊不清或发音失真但发音器官完好。与 Wernicke 患者不同的是，Broca 失语症患者能较好地理解语言。另一个语言区是位于颞叶的 Wernicke 区，它负责语言的理解、物体的命名等，并伴有阅读和书写障碍。由于该部位的缺损而患失语的病例叫做 Wernicke 失语症②。

除了上述两个语言区外，位于顶叶并靠近枕叶的视觉中枢被称为语言的阅读中枢。该区主要发挥语言的视觉功能，一旦受损，便不能理解曾经认识的文字意义。该类失语症状在临床上称为失读症。

大脑皮层还有一个负责书写的语言功能区，位于额中回的后部。

---

① 也有少数人的语言区位于大脑的右侧。
② 关于失语症问题详见第 11 章。

该功能区一旦受损,将会影响患者的书写能力,该类失语症称为失写症。

虽然大脑皮层的各个语言功能区分管语言的不同方面,但在解剖上它们却并非相互独立,其间都有一定的神经连接通路将彼此相互连接起来,形成一个紧密无间的语言官能系统。也许是因为大脑语言区显示出的特有功能以及相互间的密切联系,学界就言语中枢的研究曾经有过激烈的争论,概括起来形成以下三个派别:一是以 Gall 和 Bouillaud 为代表的定位派,他们主张大脑中特定的功能区专门掌管语言的产出。与定位派观点截然相反的是以 Jackson、Goldstein 和 Head 为首的反定位派。反定位派认为,大脑的言语功能虽然为人类创造语言作出贡献,但是语言的产生并不能仅仅归功于几个特定的区域,而应归功于大脑皮层的相关部位及皮下结构等协同参与言语活动的结果。后来,美国心理学家 Strongman 的研究也趋向于后一种流派的观点。我国神经语言学界人士(王德春等,1997,2002;杨亦鸣 2003)则认为,定位派主张的言语中枢是主司言语功能的核心部位,而反定位派所倡导的语言功能区整体论则分管言语功能的相关部位,它们相互协作,相互贯通,构成一个严密无间的言语功能系统。

参考文献

1. 白丽敏,蒋国华.神经解剖学.北京:中国中医药出版社,2011.
2. 蒋文华等.神经解剖学.上海:复旦大学出版社,2002.
3. 唐效威,杜继曾,陈学群等.脑科学导论.杭州:浙江大学出版社,2006.
4. 王德春,吴本虎,王德林.神经语言学.上海:上海外语教育出版社,1997.
5. 王德春.多角度研究语言.北京:清华大学出版社,2002.
6. 杨亦鸣.语言的神经机制与语言理论研究.上海:学林出版社,2003.
7. 百度文库:大脑解剖,http://wenku.baidu.comviewd40f3510cc7931b-765ce1572.html? from=rec&pos=3&weight=10&lastweight=9&count=5.

第 11 章　语言研究的脑科学视角：失语症

11.1　失语症定义

失语症(Aphasia)是指由于病灶性脑损伤而引起的各种语言紊乱，它是由大脑皮层言语中枢受损或变性引起的言语功能障碍，表现为文字言语(或非言语的相等功能)理解和/或表达上的功能缺陷或功能丧失。特定脑区的损伤并不导致语言能力的全面减退，只有不同脑区的损伤才能引起不同形式的语言障碍(梅镇彤，李葆明，2000)。

11.2　失语症历史回顾

在有记载的文献中，失语症的研究最早始于公元前 Edwin Smith，他在自己的外科文稿中曾经用"无语"(speechless)一词对类似于失语症的患者进行了描述。真正将失语症症状与脑损伤联系起来的文献则始于 *Hippocratic Corpus*(也叫 *Hippocratic Collection*)[①]。15 世纪开始，对言语障碍的案例报道陆续出现。到了 18 世纪，人们

---

① 见 Hippocrates, Hippocratic Corpus：http://en. wikipedia. orgwikiHippocratic_Corpus.

开始探讨失语症的病因问题。Morgogni 通过对失语症的脑解剖发现，患者多存在右侧偏瘫和左半球病变现象，于是将失语症的病因之一归纳为右侧偏瘫和左半球病变并存。不过，就失语症是否与大脑组织的病变有关，Morgogni 未有明确答案。到了 19 世纪，失语症的病因研究常被列入与智力相关的课题范畴。虽然当时对失语症的认识具有导向性错误，但由此而展开的与智力、记忆相关的研究则在一定层面拓展了人类对大脑的认识。

真正开始引起学界关注失语症的是法国解剖学家 Broca 先生。

1861 年，法国神经解剖学家、外科医生 Paul Broca 收治了一位 51 岁危重病人，其症状表现为 21 年来不会说话，只会说一个字"Tan"，但却能很好地理解人们的话语。后来人们给这名患者取名为"Tan"正是这个原因。这个病例引起 Broca 的极大兴趣。他对该患者的各个发声器官进行了认真检查，结果发现他的发声器官完好无损。出于职业的敏感，Broca 开始联想到当时曾在学界广泛热议的问题，即人的言语可能与大脑的损伤有关。Broca 认为，Tan 之所以无言语能力可能与他的大脑某一部位的损伤有关。有了这一假设，他开始细心观察并详细记录病人的情况。由于 Tan 是一名危重病人，他入院一周后便不幸身亡。Broca 对他的大脑进行了解剖，结果发现患者的左脑额叶第三脑回有一个鸡蛋大小的组织发生病变，据此，Broca 坚信这个区域的病变就是导致这位患者没有语言的根本原因，并由此推断，这个区域就是人类大脑中掌管语言的功能区。第二天，Broca 将他的这一发现在人类学会议上公布于世。这个惊人的发现当即产生了轰动效应，它打破了长期统治人类思想的颅相学，也打破了言语能力来自至高无上的精神的邪说。从此，神经学界将失语症的病因转向大脑左半球相关部位的受损上来。Broca 的发现为言语能力的来源奠定了物质基础。几个月后，Broca 又连续收到几个类似病例。1883 年，他发表了震惊世界的论文"我们用左脑讲话"

（Nous parlons l'hemisphere gauche）。后来，为了纪念他在人类大脑及语言学界所作出的卓越贡献，人们将这一语言区以他的名字名为Broca 区。之后，Broca 为了宣传自己的学术思想，曾赶赴英国讲学，并在后续的论文中大胆地推断这就是掌管人类语言的语言中枢。不料他的思想学说却受到当时正在雄心勃勃地为建立自己学说而到处演讲的 Hughling Jackson 的全盘否定。失望之余，Broca 从此再未发表相关论文，反而辗转于非洲进行人类学调查研究。今天，虽然在临床上人们惯于将 Broca 区发生病变的失语症患者称为 Broca 失语症，然而，当年 Broca 使用的专业术语则是 Aphemie。直到 1864 年之后，Trousseau 发现用 Aphemie 一词描述这一病症存在不妥，于是改用了 Aphasie 一词并一直沿用至今。

继 Broca 之后，失语症界另一位具有较大影响力的先驱人物便属德国神经学家 Carl Wernicke 了。Wernicke 之所以引起世界的瞩目，是因为他在 1874 年发表的论文"失语症症状的复杂性：神经学基础上的心理学研究"（The symptom complex of aphasia：a psychological study on a neurological basis）中描述了一位左颞上回后部病变引起对言语理解困难的病例。Wernicke 认为，右利手的言语行为在大脑的左半球有两个特异区，一个在第一颞回，构成听觉语言中枢（auditory verbal center），一个在第三额回后部，构成语言运动中枢（verbal motor center）。不同的部位发生损伤就会引起不同类型的言语障碍。后来，人们将 Wernicke 发现的听觉语言中枢命名为 Wernicke 区，将患有相关失语症的病例称为 Wernicke 失语症，又叫感觉性失语症（receptive aphasia）。

Wernicke 还推测这两个中枢之间一定存在一定的联系，如果二者间的联系中断，就会产生第三种失语症，即传导性失语症（conduction aphasia）。1884 年，传导性失语症经 Ludwig Lichteim 得到了临床证实。Wernicke 的发现修正了 Broca 的学说。之后，

Wernicke 又陆陆续续收集了一些病例。他发现这些患者的脑损伤部位与 Broca 的观点并非完全吻合。这使得 Wernicke 再次对 Broca 的学说产生质疑，并由此引发了 1908 年长达数月的失语症大辩论[①]。

Marie 是这场大辩论的重要参与人之一。就失语症而言，Marie 与 Broca 却有着截然相反的观点，主要反映在 Marie 认为左额叶的第三脑回与语言功能完全无关。Dejerine 是这场辩论会的另一位名家，Dejerine 在这场大辩论中则极力维护 Broca 的学说。Dejerine 推测，阅读障碍可能是因为大脑左半球的角回区发生病变，从而影响了理解书面语言时需要的图像信息，导致患者阅读困难。

于此同时，欧洲的另一舞台上也上演着以失语症为主要话题的学术会议。大会云集了德国众多失语症学者，包括 Kussmaul，Pick，Brodman，Gutzmann，Bonhoeffer，Kleist，Mayendorff，con Monakov，Heibronner，Goldstein，Oppenheim 等。

19 世纪后半叶和 20 世纪初，失语症的临床病理研究达到了鼎盛时期，此时大脑功能定位说逐渐占据了统治地位。此后，定位说学派与反定位说学派相互博弈，从而推进了对失语症的认识。

11.3 失语症评定

目前，失语症的评定暂无统一的标准。国内常用的汉语失语症检查量表有西方失语成套测验(Wester n Aphasia Btttery，WAB)北京医科大学附属一院神经心理研究室的汉语失语成套测验(Aphasia Battery of Chinese，ABC)、中国康复研究中心汉语标准失语症检查(Chinese Rehabilitation Research Center Standard Aphasia

---

① 有关这场大辩论的详细情况详见 Hong Gabriel 的《二十世纪法国失语学界记事》，http://www. ling. fju. edu. tw/neurolng/french. htm.

Examination，CRRCAE）、北京医院汉语失语症检查、武汉大学汉语语法量表(Chinese Agrammatism Battery，CAB)。另外，还有日本改良简易版的标记测验(Token Test)，其中比较有特点及常用的是北京医科大学的 ABC 和中国康复研究中心的 CRRCAE 两个版本。

11.4 失语症分类

失语症的分类历来是个极其复杂的问题。长期以来，许多学者就失语症的分类给出了不同的版本，但至今没有一个被广泛认可。究其原因，主要是因为许多版本的分类将人名、病名、功能名及术语名混杂在一起。高素荣(2006)按照人们对失语症的认识及其研究的发展轨迹将失语症的研究分为三个发展阶段，以 Wernicke-Linchteim 为代表，强调语言功能定位、主张建立联系学说的学派构成了失语症研究的第一个阶段；以 Head，Goldsteim 为代表，否定语言定位说、建立机能整体说的学派构成了第二个阶段；从 20 世纪 60 年代起至今为第三个阶段。我们从三个阶段的各个分类中选取了较为常见的几种类型作为本节的内容，包括 Broca 失语症、Wernicke 失语症、失读症、失写症。

11.5 几种常见的失语症

11.5.1 Broca 失语症

Broca 失语症也称表达性失语症，这类患者除了存在一定的发音困难以外，其语言在较好地保存了名词和动词的同时往往会缺失冠词、连词和语法的屈折项等功能成分，如当一位患者想要表示他到医院动牙科手术时会有如下描述：

"是……啊……星期一……哦……爸爸和彼特……和爸爸……哦……医院……啊……星期三……星期三……九点钟……哦……星期四……十点钟……啊……医生……两个……一个医生……哦……牙齿……呀"(Goodglass & Geschwind,1976:408)。

由于冠词、连词及屈折项等成分是组成一个合法句子的重要功能成分,因此,缺乏了功能成分的句子自然是不合语法了。

研究表明,导致 Broca 失语症语言缺损的病变区位于第三额回后部的言语运动中枢,因此又称运动性失语症、表达性失语症、口语性失语症或皮质运动性失语等。

虽然 Broca 患者具有严重的语言表达障碍,但与表达能力相比,他们却具有较好的语言理解能力,尽管患者均有不同程度的理解障碍(高素荣,2006)。

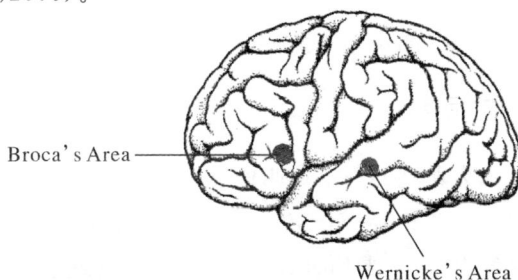

图 11-1　大脑中的 Broca 区与 Wernicke 区

11.5.2　Wernicke 失语症

另一种常见的失语症类型是 Wernicke 失语症,该类患者的典型特征是表面看来患者的话语量较多,且语言流利,有一定的语法和正常的语音、语调。不过,该类患者的语言中往往缺乏实质性的内容,因而难以令人理解。由于这类患者的语言都表现出流利型特征,因此该类失语症也称流利性型失语症。此外,该类患者还存在严重的听力障碍,时常很难针对某一问题做出回答,所以往往是答非所问。

即使再次向患者提问同样的问题，他也会依旧延续自己刚才未说完的话题。这一听力障碍最终给患者带来口语理解障碍，包括单词理解障碍、短语理解障碍和句子理解障碍。

11.5.3 失读症

除了上述两种类型的失语症外，常见的还有以临床表现形式命名的阅读障碍失语症，尤以获得性阅读障碍（acquired dyslexia）最常见。所谓获得性失语症是指由于大脑损害导致对已获得的书面语言（文字）的理解能力丧失或受损，可伴或不伴朗读障碍（高素荣，2006）。阅读障碍失语症与因视力障碍导致的阅读困难无关，也不包括儿童习得阅读能力时出现的先天性阅读障碍。阅读障碍失语症又称失读症（alexia），主要表现在患者看到熟知的语言符号时既读不出其音，也解不出其意，属于理解困难。

11.5.4 失写症

还有一种较为典型的失语症叫做书写障碍失语症（agraphia），又称失写症或 Exner 失语症。1881 年，Exner 报告的 5 例左侧半球额中回后不受损的患者，患者均表现出书写困难，也就是说患者的字形极差，难以辨认。Exner 认为导致失写症的功能区位于额中回后部，这个区后被称为 Exner 语言区。就失写症的功能定位而言，学界还有不少争议。来自临床观察、病理解剖和心理学的研究表明，人类大脑没有特殊的书写中枢（Dejerine，1914），书写能力依赖于广泛的神经网络，其种类繁，多病变广泛，其神经心理机制也较为复杂（高素荣，2006）。不仅如此，失写症在不同语系中的表现也有所不同，在表音文字与表义文字中的表现也有所不同（高素荣，2006）。

除了上述几种常见的失语症外，以语言功能为参照进行划分的失语症类型还有口语障碍、听理解障碍等；以临床表现为参照进行划分的失语症有复读障碍、词回忆障碍；以语言特征为参照进行划分的失语症有发音障碍、词汇障碍、句法障碍；以大脑受损部位及其功能区名称进行分类的失语症有传导性失语症、经皮质失语症、皮质下病变失语症等。

王德春等（1997）将 Broca 区、Wernicke 区、角回区及 Exner 区称为人类大脑的四大语言中枢（王德春等，1997）。此外，大脑中还有一些部位具有一定的语言功能，如连接 Broca 区与 Wernicke 的弓状束、以命名失语症为主要症状的枕颞叶交界区、颞顶枕叶交界区、三级顶枕叶区、中央后区下部及左颞区中部等（王德春等，1997）。

参考文献

1. Dejerine，J. 1914. Sémiologie des Affections du Système Nerveux. Paris：Masson et Cie.

2. Goodglass H. & N. Geschwind，1976. Language Disorders［Aphasia］. In E. C. Caterette and M. P. Friedman（eds.）Handbook of Perception. Vol. 7：Lanugae and speech. Academic Press.

3. 白丽敏，蒋国华. 神经解剖学. 北京：中国中医药出版社，2011.

4. 高素荣. 失语症. 北京：北京大学医学出版社，2006.

5. 蒋文华等. 神经解剖学. 上海：复旦大学出版社，2002.

6. 梅镇彤，李葆明. 神经生物学纲要，北京：科学出版社，2000.

7. 单培彦等. 传导性失语患者复述行为的分析. Chinese Journal of Behavioural Medical Science Vol. ，2001：10(4).

8. 王德春，吴本虎，王德林. 神经语言学. 上海：上海外语教育出版社，1997.

9. 杨亦鸣. 语言的神经机制与语言理论研究. 上海：学林出版社，2003.

10. 周统权. 语言理论与语言障碍研究. 北京：中国社会科学出版社，2010.

第 12 章 语言研究的精神卫生与社会学视角:孤独症

12.1 孤独症定义

儿童孤独症也称自闭症,是一种广泛发育障碍疾病,表现为严重的社会交往障碍、语言障碍及刻板重复的异常行为(王红怡等,2011),是广泛发育障碍中最具代表性的疾病(刘靖等,2010)。典型的孤独症患者存在严重的语言障碍,尤其是在肢体语言方面表现出严重的缺陷,如缺乏必要的眼睛对视、无主动性语言以及面部表情呆板等。从这个意义上说,孤独症也被称为是一种非语言的学习障碍(Nonverbal Learning Disability)(Rourke,1995)。因此,这种病症也是语言学研究的内容之一。

12.2 孤独症临床表现

由于孤独症的主要症状以社会交往、语言交流及刻板行为为主要表现,孤独症问题同时引起语言学者、行为学者、社会学者及医学工作者的广泛关注。在我国,对孤独症患者主要采用教育干预、行为矫正等手段改善患者的核心症状,其目标在于最大限度地促进患者的智力发展,使患者最终能够具有独立学习、工作和生活的能力(中华人民共和国卫生部,2010)。研究显示,经过干预治疗,"部分儿童孤独症患者的认知水平、社会适应能力和社交技巧可以达到正常水平如听觉综合治疗"(中华人民共和国卫生部,2010),经过听觉统合治疗,患者的行为问题能够得到一定改善(邓永兴等,2010),经过感觉综合训练,患者的情绪得到一定程度的矫治(宗尽炎,2010)等。然而,无可否认的是,孤独症的预后效果较差。据我国卫生部办公厅关于印发《儿童孤独症诊疗康复指南》的通知,目前尚缺乏针对儿童孤独症的核心症状的药物。因此,针对孤独症的治疗,卫生部要求采用干预治疗为主、药物治疗为辅的措施(卫生部,2010),通过治疗减轻患者的症状,通过干预帮助患者保持社会功能,保持学习能力,提高自我生存与发展的能力,使患者最终能回归社会。

12.3 孤独症语言特征

西方发达国家的相关研究表明,孤独症患者的语言障碍主要反映在对语言的词法、句法的屈折变化方面的缺陷,如名词缺少复数变化,第三人称单数动词词尾缺少-s,过去时缺少-ed,动词不定式缺少to,补语从句缺少 that 等(Gopnik,1990;Gopnik et al.,1991;Leonard et al.,1992;Gopnik,1994;Hansson et al.,1995;Grela et al.,2000;Redmond et al.,2001;Pleh et al.,2003)。近期,Sigman与Capps合著的《自闭症儿童发育》还详细分析了孤独症儿童的语音、词法、语法、语用及叙事等语言能力的获得与发展(Sigman & Capps,2008),结果表明,患者的语音发育虽然迟缓,但不存在语音缺陷。然而,研究显示,患者掌握词语较慢,主要因为他们在联合注意方面存在缺陷。就语法而言,患者能够"在句子中组织词语的顺序,或者通过不规则的词语串来推知基本的语义关系",说明他们具有正常的语法能力。然而患者在过去时态符号、代名词及指示代词的使用方面存在困难。而就疑问句、被动句的灵活运用也同样存在困难，说明患者在语言结构的认知方面具有一定缺陷。与语音、词语、语法相比，患者的语用能力问题最大，主要表现在"解释话语和词汇微妙的意思，遵守社会规范，了解何时转换语域，遵守谈话中的惯例，重视听者的观点"等方面存在困难（Sigman & Capps，2008：68-74）。研究还显示，患者在语言使用过程中不能恰当地变换语调、响度、音高、重音和节奏（Sigman & Capps，2008），其语调平板单一，难以掌控音量、音速（黄伟合，2003）。这些都显示韵律缺陷是孤独症语音的最显著特征。

与国外相比，针对孤独症语言特征研究的国内成果则非常少见，仅限于对患者是否存在语言发育迟缓，是否存在语言障碍，尤其是语言表达能力和行为障碍，有无智商问题等（见刘军等，2005）以及无语言患者的肢体语言（见王梅，胡玉强，2005）。

研究表明，虽然有些孤独症患者具备一定的语言能力，但其使用语言进行交往的能力却有相当大的缺陷（黄伟合，2008），主要表现为患者常常不知道如何去发起和持续一个话题，尤其当面对陌生人或权威者（如教师、长辈等）时。

12.4 孤独症非语言交际案例分析

非语言交际是不使用词语的交际（communication without the use of word）（Rechards，1985），是人类"在特定的情景或语境中使用非语言行为交流和理解信息的过程"（Malandro & Barker，1989）。研究表明，课堂教学效果82%是通过教师的表情、举止等非语言手段实现的，而只有18%的信息是通过语言行为达到的（Grant & Henings）。无论是从不断进化的整个人类，还是从个人角度看，这些技能的掌握次序、出现频率及其所含的信息量，都表明非语言因素在人类交际活动中的重要作用。

如前所述,孤独症患者之所以不能达到有效的交流,除了语言因素以外,患者在肢体语言上表现出来的严重残缺是重要原因。

首先,患者与人交流时在姿态(posture)、举动(movement)、眼神(eyecontact)、表情(facial expression)及手势(gesture)等各身体行为上的表现就难以达到交际的基本要求。笔者曾经接触过一位已被确诊为孤独症的成年男子,据其母亲回忆,患者从小特别怕生,如与陌生人接触,患者在行为上表现出来的拘谨与不自然往往是常人无法接受的。比如在与患者进行的 15 分钟的交流中,患者能自始至终保持一种姿势,其身体表现得非常僵硬,无眼神交流,更无表情及手势交流。然而,当他的妈妈让他"去跟小朋友玩吧"时,他却能如释重负地舒口气,由此而带来的放松与孩子的天真和稚嫩瞬间回到他的脸上。

我们后来分析了该患者的语言资料,结果发现,患者在交流过程中其用词、用句基本符合词法规则,没有明显的词法、句法错误。然而,当对其语料进行音量、韵律分析时却发现了重大问题:患者声调极低(但不存在嗓音问题),常常需要听者把耳朵贴近他的嘴巴才能听清楚。声音行为属于伴随语言,也称副语言现象。与人交流时一个人可以通过音调(pitch)的高低、音域(rane)的宽窄、音量(loudness)的大小、语速(rate)的快慢以及音质(quality)的清晰与浑浊向对方传递不同的信号。然而,从这位患者的声音行为中我们无从获得任何额外信息。患者的语音、语调正常,但节奏平淡,无速度变化。即使有人对他表现出不耐烦甚至反感,患者也无动于衷。当然,患者也有被激怒的时候。每当这时,他就会通过抬高声调的方式表示抗议,其间伴随少量笨拙的肢体语言,如甩出食指颤抖地指向对方。

此外,在与患者的交流中,对于一个简单的问题,如果只需患者以"是"或"不是"作答，患者完成得较为容易。然而，倘若需要获得患者对某人或某物的评判或表明态度时，事情就会变得非常困难。如放学回来，母亲问他"今天上了什么课？"患者能够对答如流。但如果进一步询问"你更喜欢什么课"、"老师教得好不好"时，他的回答往往是"不知道"。

从交际功能来看，非语言因素往往比语言因素更为重要。Malandro & Barker(1989)把非语言因素的交际功能归纳为六点：第一，非语言因素在人际交往的语境中起着决定其含义的作用；第二，通过非语言交际传达的情感更为准确无误；第三，非语言交际传达的信息不会被歪曲，所以相对来说真实无欺；第四，非语言交际具有超交际(metacommunicative)功能，交际者往往依赖非语言暗示(cues)来判定交际者的意图，以达到高质量的交际目的；第五，非语言交际的暗示作用可以更有效、省时省力地传达信息；第六，非语言交际最适宜间接地传达隐含的示意，即一些只可意会难以言传的交际内容。然而，正是由于孤独症患者在非语言能力上的巨大障碍导致其无法与人进行有效的沟通，以至于总是生活在只有自己的孤独世界，最终导致他们成人后难以融入社会的悲剧。

12.5 孤独症病因

由于孤独症研究的历史文献记载距今只有 60 年的时间[①]，其较短的研究历史以及患者症状的复杂性，使得学界长期以来对其病史和病因十分不明朗。最初的医学研究发现，孤独症具有一定的神经生物学基础，主要表现为患者具有较高的癫痫发生率及持续存在的

---

① 1943 年，Kanner 首次报道了 11 例患者，主要体现在患者对环境的适应能力差、其行为刻板，而且存在沟通困难，并伴有语言异常等问题。详见 Kanner(1943)。

神经系统异常体征(Kanner,1943)。近期研究显示,生物因素导致的脑功能广泛性发育障碍可能是孤独症病因的首号元凶(Rimland,1971;袁晓斌,侯加平,2007)。而来自对同卵双胞胎研究的数据显示,在患有孤独症的人群中,约有60%的同卵双胞胎同时患有孤独症,但只有不到5%的异卵双胞胎同时患有孤独症。这一数据有力地证明了遗传因素在孤独症形成过程中的重要作用(Sigman & Capps,2008)。近期的基因组扫描结果也发现了一些阳性连锁区域,如染色体 lp、2q、3p、6ql6-21、7q31-33、13q、15q 和 17 等。这些区域都成为孤独症易感基因候选区域,从而佐证了孤独症的先天性及遗传性假设。

12.6 孤独症的教育、培训与干预

由于儿童孤独症的研究在世界范围内历史较短[1],加之学界对其发病机制尚不明了(袁晓斌等,2007;王红怡等,2011),我国由此而开展的工作主要除了社会民间教育机构以外还有国家医疗卫生机构,主要集中在语言行为干预(黄伟合,2003)、特殊教育(王梅,胡玉强,2005)以及临床医学(见刘军等,2005;宋雪钦等,2004)等领域。

我国民间教育机构主要以引进的 ABA 结构化教学、感觉统合训练、音乐疗法、IVA 训练、杜曼教学与 RDI 游戏、理疗课程等。北京星星雨研究所的教师培训项目主要以 ABA 结构化教学为主要内

---

[1] 孤独症的研究始于 1943 年 Leo Kanner 的发表的论文"Autistic Disturbance of Affective Contact";阿斯伯格综合征的研究始于奥地利儿科专家、儿童精神病专家 Hans Asperger 的论文"Schizoid Personality of Childhood"(1926)。不过,Hans Asperger 的发现当时并未引起学界的重视,直到他去世后,他的德语论文被翻译成英文(1981),Asperger syndrome 这个术语才最终得到确认。

容[①]。南京脑科医院曾在孤独症的教育与行为干预方面取得了许多令人瞩目的成就,虽然他们在儿童青少年精神的医治中采用发展与治疗并重的综合性干预模式[②],但其服务项目依旧以"ABA"模式为主要训练内容。相比而言,西方发达国家的孤独症培训项目无论在内容还是形式上都远比我国丰富。

1981 年,Lovaas 提出的离散单元教法系统地介绍了针对孤独症儿童社区服务项目(Lovaas,1981;黄伟合,2003)。该项目采用干预人员(指由专家指导下的大学生、研究生或家长)与孤独症儿童间的一对一强化训练,儿童只需根据指令或在适当的口头提示下完成特定的动作,由干预人员将诊断分解为具体的容易干预的行为单元,在此基础上对患者进行一对一训练。

1989 年,Koegel 在离散单元教法的基础上发展出了针对孤独症及发展性残疾儿童的自然教法项目。自然教法以培养孤独症儿童的主动性和自然行为为目标,注重在自然教育环境和家庭环境中鼓励和培养患儿与正常儿童的交往能力,通过自我管理能力的训练达到患儿独立能力的提高,通过自我选择的活动提高患儿学习动力,通过分析患儿行为的背后动因引导患者减少问题行为,通过创造客观情景鼓励患者开口说话(详见 Koegel,1989;黄伟合,2003)。

视觉教法是利用孤独症患儿的视觉优势,结合行为心理学及其他学科,针对孤独症及残疾患儿的沟通能力及自控能力进行训练的教学法。该教学法通过借助图片交换沟通系统(PECS)这一交流工具,培养患者的主动能力,发展患儿的交流沟通和社会交往方面的主动意识(详见 Bondy & Frost,1994; Marcus, Schopler & Lord,

---

[①] 　见北京星星雨教育研究所网站,http://www.guduzh.org.cn/.

[②] 　见南京脑科医院网站,http://www.c-nbh.com/department/department.asp? classid=8.

2001；Gary，1993，1995，2000；黄伟合，2003）。

此外，用于孤独症儿童行为矫治的语言行为教育模式也在孤独症儿童的教育干预项目中发挥了良好的作用。

语言行为理论与干预的研究已有半个世纪的历史[①]。该理论强调，通过对患者语言行为的个体化评估（包括与大人合作的程度、表达要求的能力、模仿动作的能力、语言游戏的水平、模仿语言的能力、配对能力、服从大人语言的能力、语言描述能力、理解功能特性及范畴能力、语言对话能力、驾驭字母和数字的能力以及社会交往能力），把患者按照能力进行等级划分，再以此对患者进行相应的语言行为训练。训练内容主要包括如何表达自己的要求，如何提高语言的接受性和描述性，如何进行对话等。从研究资料来看，语言行为教育模式对于训练患者表达自己的要求，提高语言的接受度和描述性方面取得了较为显著的效果，因而引起越来越多的关注。然而，该模式在会话能力的培养上效果如何还有待进一步研究。

值得一提的是，20世纪末与21世纪初，美国孤独症组织（ASA）率先开始孤独症早期诊断和干预研究计划，他们每年举办的聚会、高端会议、一日研讨会以及夏令营活动等已成为他们的品牌项目[②]，美国孤独症组织每年在全国范围内举办的孤独症社会国家会议及博览会（Autism Society National Conference and Exposition）不仅会邀请孤独症研究专家做主旨发言，而且还特别邀请特定年龄段的孤独症患者及其亲属参加会议。大会还特别为患者及亲友们组织迪斯尼游园亲子活动。会议期间还有捐赠活动、孤独症产品的推广以及孤独症康复仪器等成果展示及销售活动等，以此唤起更多的人对孤独症

[①] 语言行为教育模式的理论始于斯金纳1957年出版的《语言行为》（Verbal Behavior）。

[②] 见美国孤独症协会网站，http://www.cnyasa.org/events_beyond.html.

的认识①；英国国家孤独症协会在青少年患者的性行为、高等教育、就业援助（ESA）等方面的研究上都取得了令人瞩目的成果②。针对孤独症儿童，美国已率先开始了以学校教育为基础的干预活动，这些活动使得越来越多的患者逐渐融入主流教育中。受此影响，英国也开展了相关形式的干预活动，但其教育模式则以特殊学校教育为基础。这些干预活动使患者掌握了适量的知识和一定的职业技能，为成年后的就业奠定了基础。

12.7　西方发达国家的"康复＋就业"模式

我国对孤独症患者的康复救助主要集中在 0～16 岁的儿童。相比之下，孤独症成年患者的教育工作则相当薄弱。研究显示，孤独症患者的康复效果与其就业与否有着密切关系，但在我国，孤独症就业的相关案例虽偶有报道，但在系统研究上尚属空白。成年孤独症患者"康复＋就业"模式上的探索还未有实质性的进展。与普通精神残疾人一样，我国对孤独症患者的救助已经在政策上有了很大的支持力度，但对于有精神问题的孤独症患者来说，其主要解决方式还是采用封闭式的医学治疗。这一传统的"医学—救助"模式在医治患者疾病的同时却无可避免地慢慢地削弱着患者身上残余的精神及社会功能，患者最终大都摆脱不了"健全的废人"这个结局。

研究表明，对于患者来说，实现就业、回归社会是他们通向康复的最佳途径，也是实现其自我价值与社会回归的最完美体现，但精神残疾患者的就业模式研究不仅在我国许多省份精神残疾工作中几乎空白，而且在全国精神残疾工作范围内所占比例也微乎其微。

---

① 见美国孤独症协会官方网站，http://www.autism-society.org.
② 见英国国家孤独症协会网，http://www.autism.org.uk.

在西方,为了帮助孤独症患者就业,有些政府已经按照患者的特征特别推出了大型扶持项目,支持性就业就是其中的举措之一。支持性就业是指"为因重度残疾从未参与或被中断参与竞争性就业的个体,在融合性环境中提供与其特点、资源、优先权、利害关系、能力、才干、兴趣以及明确选择相一致的竞争性的工作"。这一模式是目前西方国家应用最广泛的残疾人就业模式。这个模式不会因为个人的残疾、用药等原因将其排除在外,其整个就业过程都有就业专家兼治疗人员的参与,在充分考虑精神患者反复发作之现状的同时,为其提供长期的支持性就业,从而得到最理想的治疗效果并达到最大程度的康复效果,因而具有很强的可操作性。引进西方发达国家的教育培训项目及技术手段,探索西方发达国家的"康复+就业"模式,实现我国残疾人救助政策的优化,这些问题的核心都是围绕着孤独症患者如何实现社会回归这个永恒的话题。孤独症患者表现出的典型社交障碍是其长期生活在与世隔绝的狭小世界的根本动因。而由于目前儿童孤独症的诊治尚缺乏核心症状药(卫生部,2010),调动可能的社会力量,探讨如何帮助患者实现社会回归则显得尤为重要。

12.8 孤独症事业的发展

值得一提的是,西方孤独症的工作已经渗透到政府的立法层面。20世纪70年代末,美国加州通过的兰特曼发展性残疾服务法案(Lanterman Act)把孤独症患者和其他发展性残疾患者享受服务的权力纳入法定程序,使得孤独症患者的医疗保健与社会救助有了一定的法律和社会保障。为了让更多的孤独症人士能够在第一时间了解政府相关职能部门就孤独症问题发布的最新文件信息,美国孤独症协会搭建了一个"选举4立法"(Vote 4 legislation)平台,他们在督促相关职能部门使立法政策在最短时间内获得生效方面获得成功①。

精神残疾问题已引起国际卫生组织的高度重视，他们呼吁有关政府在社会经济发展中关注和保护这个特殊的社会群体，从而减少乃至消除所引发的社会风险。联合国甚至把精神残疾人就业问题提升至人权问题的高度。在此影响下，许多国家就精神残疾康复与社会功能关系做了许多研究及有益的尝试：欧美发达国家已就精神残疾患者封闭式治疗和管理后病人的社会功能丧失所导致的高残疾率进行了研究；英国、美国、法国和澳大利亚等发达国家在精神病人的社区管理模式、支持性就业等方面取得了许多值得借鉴的经验；我国民政部精神康复医院的"生物—心理—社会"医学试点模式收效显著。广东、江苏、北京、重庆、上海、青海等在精神残疾人的致残病因、康复模式以及救助政策等方面取得显著成绩。然而，我国大部分精神残疾工作却仍然停滞于传统的"医学—救助"模式，这与国外精神残疾工作有很大差距。近年来，我国就精神残疾工作陆续出台了多项优抚惠民政策，涵盖了医疗保险、社会救助、托养工程、工疗项目等。但我国患者的康复状况究竟如何？与国内外相比有何差异？哪种模式是精神残疾患者康复的最佳途径？这些问题很值得研究。

受国际大环境的影响，我国于2006年开始将孤独症定为精神残疾，这一举措在很大程度上推动了我国孤独症事业的发展。然而，孤独症与其他精神残疾的差异以及由此而导致的社会救助与相关政策法规的不足都使孤独症这一特殊群体遭遇尴尬。虽然孤独症患者具有精神残疾，但与普通的精神病相比存在明显差异，主要表现在他们对社会的破坏力较小。国外孤独症个案研究显示，许多孤独症患者能够根据自身的特点，并在政府支持性就业政策的呵护下做到自食其力，从而在一定程度上减少社会与家庭的负担。然而，我国针对孤

---

① 见美国孤独症协会官方网站，http://www.autism-society.org.

独症的救助政策尚缺乏分类施策,如办理残疾证时将孤独症患者并入普通精神残疾大范畴内,其后果是,孤独症患者只能与普通精神残症患者一道在公疗机构就业,而公疗机构在各省市又寥寥无几,由此,现实与政策之间遭遇尴尬则在所难免。

精神残疾人的事业与社会经济建设的同步发展直接体现着人类精神文明的进步,这在我国物质文明建设高度发达的今天具有重要的现实意义。若能汲取西方发达国家的先进经验,在总结我国精神残疾工作中所取得的成就及不足的基础上,探讨出一条切实可行的、适合我国发展现状的精残人的"康复＋就业"模式,从而推动我国孤独症研究以及精神残疾事业的发展,这对我国民生工作的开展具有重要的现实意义,也是我国社会稳定和文明程度的重要指标之一。

参考文献

1. Bondy AS, Frost LA. 1994. The Picture Exchange Communication System. Focus on Autism Behavior (9):1-9.

2. Farnworth, Louise, 2009. An occupational and Rehabilitation perspective for institutional practice. Psychiatric Rehabilitation Journal. Vol. 32 (3): 192-198.

3. Grant, B. & Hennings, D. 1971. The Teacher Moves: An Analysis of Nonverbal Activity. New York: Columbia University.

4. Gray CA. 1995. Teaching children with autism to "read" social situation. In: Quill KA (ed.) Teaching children with autism: Strategies to enhance communication and socialization. Albany Delmar: 219-241.

5. Gray CA. 2000. The new social story book: Illustrated edition. Arlington, TX: Future Horizons, Chapter 13.

6. Gray CA. Garand JD. 1993. Social stories: Improving responses of students with autism with accurate social information. Focus on Autistic Behavior, 8(1): 1-10.

7. Gary R. Bond. 2004. Supported employment: evidence for an evidence-based practice. Psychiatric Rehabilitation Journal 27(4): 345-359.

8. Ghaziuddin M, Weidmer-Mikhail E, Ghaziuddin N. 1998, Comorbidity of Asperger syndrom: A preliminary report. JIDR(42): 279-283.

9. Howlin Patricia, 2000. Outcome in adult life for more able individuals with autism or Asperger Syndrome, Autism 4(63):63-83.

10. Hu W.-Z. & C. L. Grove. 1991. Encountering the Chinese. Intercultural Press, Inc.

11. Karen S. , Danley, E. , Sally Rogers et al. 1994. Supported Employment for Adults with Psychiatric Disability: Results of an Innovative Demonstration Project. Boston University. http://www. bu. edu/cpr/resources/articles/1990-1995/danley1994. pdf.

12. Kanner L. 1943, Autistic disturbances of affective contact. Nervous Child (2): 217-250.

13. Koegel RL, & J. Johnson, 1989. Motivating language use in autistic children. In Dawson G. (ed.) Autism: Nature, diagnosis, and treatment. New York: The Guilford Press: 310-325.

14. Malandro, L. A. , L. L. Barker, D. A. Gaut, & D. A. Barker, 1989. Nonverbal Communication, New York: Random House Corporation.

15. Marcus L. , E. Scholer, & C. Lord, 2001. TEACCH services for preschool children. In: Handleman J, Harris SL. (eds.) Preschool education programs for children with autism. Autin TX: Pro-Ed: 215-232.

16. Meyer N. R. 2004. Asperger syndrome Employment Workbook: An Employment Workbook for Adults with Asperger Syndrome. Journal of Occupational Psychology, Employment and Disability 6(2):93-95.

17. Lovaas OI, A. Ackeman, D. Alexander, P. Firestone, M. Perkins, Young DB. 1981. Teaching Developmentally Disabled Children: The Me Book. Baltimore MD: Universtiy Park Press.

18. Rourke, B. P. 1995. Syndrome of Nonverbal Learning Disabilities:

Neurodevelopmental Manifestations. New York：Guilford Press.

19. Sandberg ML. 1991. 301 research topics from Skinner's book Verbal Behavior. The Analysis of Verbal Behavior（9）：81-96.

20. Sigman M. & Capps L. 著，佘玲，谢志良译. 自闭症儿童（Children with Autism A Developmental Perspective）. 成都：四川出版集团，四川教育出版社，2008.

21. US Department of Health and Human Services. 2003. Supported employment—a guide for mental health planning＋advisory councils.

22. 陈有福，朱美兰，巩桂双. 探索具有中国民政特色的精神残疾康复之路. 中国民政医学杂志，2001(1).

23. 邓永兴，郭俊峰，徐小亲. 中国民康医学，2010(23)：3086—3087.

24. 高圆圆. 对精神残疾群体回归社会的思考. 黑龙江社会科学，2009(5)：168—171.

25. 弗斯特著，马建国译. 发掘你的潜力——用身体说话. 石家庄：河北科学技术出版社，1990.

26. 黄伟合. Asperger 综合征. 临床精神医学杂志，2003(1)：48—49.

27. 刘靖，马俊红，杨文. 儿童孤独症精神药物治疗研究的系统回顾. 中国儿童保健杂志，2010(10)：732—735.

28. 刘军，苏林雁，王伯兰. 伴语言倒退孤独症儿童 53 例社交障碍临床研究. 中国实用儿科杂志，2005(3)：161—163.

29. 潘晓慧. 试析跨文化交际能力. 外语学刊，1996(2)：32—34.

30. 上海市精神残疾人亲友会. 上海市精神残疾人就业现状及对策探讨，http://www. cqvip. com.

31. 申镇. 话语的暗示意义及其辨识. 外语学刊，1992(5)：42—46.

32. 宋雪钦，陈萱，李赛莺，吴立群. 孤独症儿童语言交往能力训练的个案研究. 现代特殊教育，2004(5)：43—44.

33. 王红怡，温晓梅. 孤独症研究的若干进展（上）. 海南医学，2011(1)：105—113.

34. 王梅，胡玉强. 无语言的孤独症和智力残疾儿童自发手势的发展研究.

中国特殊教育,2010(5):73—77.

35. 武力宏. 对非语言交际的思考. 外语教学与研究,1996(3):70—72.

36. 吴松初. 中英当代流行委婉语的文化比较. 现代外语,1996(3):59—61.

37. 解麟珠,黄铁聚. 非语言行为的交际功能,外语学刊,1996(1):45—49.

38. 杨平. 非语言交际述评. 外语教学与研究,1994(3):1—6.

39. 袁晓斌,侯加平. 孤独症研究进展. 青岛医药卫生,2010(1):50—53.

40. 中华人民共和国卫生部. 卫生部办公厅关于印发《儿童孤独症诊疗康复指南》的通知,卫办医政发〔2010〕123 号,http://www. moh. gov. cn/publicfiles/business/htmlfiles/mohyzs/s7652/201008/48441. htm.

41. 宗尽炎. 改善孤独症儿童感觉统合训练中情绪问题的个案报告. 内江科技,2010(12).

第13章 语言研究的精神卫生与社会学视角:阿斯伯格综合征^①

13.1 阿斯伯格综合征的诊断

提起阿斯伯格综合征(Asperger Syndrom,简称 AS),人们就会想起著名的德国儿科医生 Asperger。他在自己的经典性论文《关于儿童中的自闭性人格障碍》(1944)中详细描述了四个患有阿斯伯格综合征的病例,并在此基础上对其主要临床特征,包括非语言交流障碍、语言交流的奇特性、社会交往中的自我中心倾向、对他人情感的认知缺乏感情共鸣以及走路姿势的特别及不稳定、大量的行为问题等进行了理论性的概括。虽然这一文献在当时并未引起足够的重视,但 1981 年当英国儿童精神病学专家 Lorna Wing 将这一文献介绍给读者,并将具有上述临床特征的疾病命名为阿斯伯格综合征时,Asperger 便开始在学界引起极大关注。

不过,自从阿斯伯格综合征被发现以来,究竟如何对其定义,目前国内外说法不一。虽然阿斯伯格综合征与孤独症具有显著的临床差异,二者在人际交往方面都表现出典型的能力缺陷,然而,大部分

---

① 笔者就本章与精神病相关的专业问题请教了宁波市康宁医院副主任医师张文武大夫,对其提出的宝贵意见表示衷心的感谢。

相关专家认为，阿斯伯格综合征与孤独症同属于一个系列病症，区别仅限于二者在程度上的轻与重，其中，前者为孤独症系列中程度较轻的一种（黄伟合，2008）。鉴于传统意义上的孤独症患者中有 25％的人智力正常，有人常常将阿斯伯格综合征称为高功能孤独症（High Functional Autism，简称 HFA）。这样一来，有些权威人士便提议将这些患者与阿斯伯格患者等同起来，并提醒大家勿将对阿斯伯格综合征的不成熟认识确定为诊断标准（Schopler，1985）。尽管如此，阿斯伯格综合征还是常常与高功能孤独症视为同类，这些专家会依据患者的智力高低，将那些具有特殊才能、智商高人一筹的孤独症患者称为患有阿斯伯格综合征（Fitzgerald，2000）。然而，阿斯伯格综合征患者并无语言迟缓现象（即三岁时仍无词组语言能力），这与孤独症语言标准的不符致使有些人将"具有广泛性发展障碍（PDD）但却无语言迟缓现象"当做阿斯伯格综合征的评判标准之一（黄伟合，2003；王辉，2005）。还有人将那些 PDD 症状较轻的患者称为阿斯伯格综合征，他们所呈现的症状与孤独症症状或不完全吻合，或已经"长大"从而超越了孤独症所显现的症状，于是阿斯伯格综合征便有了"非特别的 PDD 或非典型性孤独症"（PDD not otherwise specified or atypical autism）等别名。第五类阿斯伯格综合征的定义主要出于行政目的，指那些不大容易适应环境并表现出攻击性和冲动性行为的患者。

Ghaziuddin（2002：139）认为，上述分类低估了一个事实，即使用 DSM/ICD 标准并不能轻易对阿斯伯格综合征做出恰当的诊断。这是因为：（1）针对什么是社交缺陷，目前的状况是，除了将其归于孤独症谱系之外，至今没有明确的标准；（2）正常的语言发展及出生后几年内表现出对周围环境的兴趣和好奇的正常标准还不够充分；（3）必须强调的是，符合孤独症标准的患者并不能因此而被诊断为阿斯伯格综合征，因为我们还不清楚那些早期符合孤独症标准但几年后又和阿斯伯格综合征很相像的患者该如何分类。

　　基于上述事实，参照大量的研究成果，Ghaziuddin（2002：138）便对阿斯伯格综合征给出了第六种定义："阿斯伯格综合征是一种以社交无能（social dysfunction）和怪异兴趣（idiosyncratic interests）为特征、并表现出正常智力（normal intelligence）的广泛性发展障碍，患者无语言迟缓史，通常被描述为积极（active）而怪异（odd）的、讲话书呆子气，并通常伴随多种医学和精神疾病的患者。"

13. 2　阿斯伯格综合征的语言使用

　　然而，即使具有正常智力，且没有语言迟缓史，阿斯伯格综合征患者依然表现出严重的社交无能，究其原因，依然缘于患者在非语言行为上的严重缺陷。

　　Grice（1975）曾注意到，人们在言语交际中并不总是直白地告诉对方自己的想法。出于特定会话对象、特定会话场所或者特定目的的需求，会话者往往会使用迂回的话语向对方婉转地表达自己的意思。在这种场合下，会话双方只有相互恪守一定的原则方能使会话交际顺利进行。Grice（1967）将这些会话原则概括为"合作原则（cooperative principle）"，即会话双方为了保证交际的顺利进行必须相互合作。合作原则主要包括"数量准则（maxim of quantity）"、"质量准则（maxim of quality）"、"相关准则（maxim of relation）"以及"方式准则（maxim of manner）"。

　　数量准则说的是会话者的言语必须包含为实现交际目的所需的详尽信息。如果在合作原则理论框架内衡量阿斯伯格综合征的语言使用情况，就能非常清楚地看到他们为什么即使拥有正常的语言能力却在会话交际中屡屡失败的真正原因了。阿斯伯格综合征患者的临床表现因人而异。有些患者虽然具有基本的语言能力，但在语言的表现力上却具有明显的缺陷。还有些患者虽无语言能力缺陷，但却表现出浮夸、焦躁、注意力不集中等症状，而这些因素对于成功的交际是至关重要的。正是因为这些因素最终导致患者无法完成较高要求的语言任务（如需要使用确切的言语对某一事件进行细致描述的语言任务，或需要经过分析、判断、综合方能作答的任务）。此外，患者表现出的烦躁不安也会使患者无心耐着性子向对方提供详尽信息，由此带来交际困难在所难免。

会话原则的第二个准则是质量准则。质量原则要求会话双方不说自知虚假和缺乏证据的话。由于阿斯伯格综合征患者做事一贯不听指挥，其我行我素的处事风格使他在会话中难以驾驭自己的语言行为，由此会话内容与"质量准则"相悖便不言而喻了。

会话原则的第三个准则是"相关准则"，该准则要求会话双方的会话内容要贴切，并与所述主题保持关联。如上所述，阿斯伯格综合征患者我行我素的处事风格使得患者难以驾驭自己的言语，患者由于感情的缺乏使得他在会话中根本顾忌不到对方的感受，因而出现与"相关准则"相悖的语言行为意在预料之中。

会话原则中的第四个准则是方式准则。这个准则要求，会话者应避免使用晦涩难懂或容易产生歧义的词语，并做到话语简练、层次鲜明、具有条理性。然而，阿斯伯格综合征患者的上述特征使他在会话中违背方式准则便成为必然。

如果说 Grice 的合作原则较好地解释了话语双方通过外在的语言形式表达出来的真实意义的话，那么 Leech（1983）的礼貌原则（politeness principle）则是在更深层次揭示了会话双方的言外之意。

有时人们想要表达某种意思，但却出于礼仪、情面、忌讳等原因而不能直接表白。为了达到交际目标，会话人只好采用策略，即故意违反合作原则，用迂回婉转的措辞委婉、含蓄地表达想要表达的思想或意图。这种故意违反合作原则的做法不仅能够避免与特定习俗文化相悖，还能避免使人难堪，从而达到理想的交际目的。有鉴于此，Leech 在 Grice 的合作原则基础上提出了另一条语用原则——"礼貌原则（politeness principle）"。礼貌原则共有六个准则，包含得体准则（tact maxim）、慷慨准则（generosity maxim）、赞誉准则（approbation maxim）、谦逊准则（modesty maxim）、一致准则（agreement maxim）以及同情准则（sympathy maxim）。所谓得体准则是指在会话中要最小限度地使他人受损，最大限度地使他人受益。所谓慷慨准则是指在会话中要最小限度地使自己得益，最大限度地使自己受损。赞誉准则是指在会话中要最小限度地贬低他人，最大限度地赞誉他人。谦逊准则是指在会话中要最小限度地赞誉自己，最大限度地贬低自己。一致准则是指在会话中使对话双方的分歧减至最小限度，使对话双方的一致增至最大限度。同情准则是指会话中要减少自己与他人在感情上的对立，尽量增加双方的谅解。正是遵循了 Leech 的礼貌原则，人类之间的交际活动才得到了有效的保证，也正是遵循了礼貌原则，人际关系才得以和谐地维持下来。

从阿斯伯格综合征患者的语用情况来看，其交际屡屡失败的根本原因是患者在交际过程中不得体的言语行为。具体说来，患者对"礼貌原则"的违背促使他无法进行有效的交际。因为他不懂礼貌，他就不可能把他人的利益放在首位（违背了得体准则）；因为不懂礼貌，他就不可能顾忌他人的感受而牺牲自己的利益（违背慷慨准则）；因为不懂礼貌，他就不可能表现得谦逊（违背谦逊准则）；因为不懂得礼貌，他就不可能赞誉他人（违背赞誉准则）；因为不懂礼貌，他就不可能放弃自己的利益，从而与会话者达成一致（违背一致准则）。

会话是会话人双方的行为，能否使会话达到预期的交际目的需要双方在会话中遵循一定的社会公约。礼貌原则是这一公约具体体现的形式内容之一，如果会话双方违背了一定的礼貌原则，就有可能达不到预期目的。

　　笔者曾经通过宁波市鄞州区残联获得了一位 20 岁阿斯伯格综合征男性患者的第一手语料。从患者自书的语料①来看，除了缺少必要的标点符号及部分错别字以外，其语言较为通顺，并有适量的复合句如"如果……（就）……"、"我做……就是因为……"、"要是他听说……肯定……"，反问句如"你不是说不……""不是你说他看到我……就……"，且没有人称混用现象。然而，当我们从语用学角度对其语料进行深入分析时则发现了很多问题。从随机截取的 50 个句子来看，仅祈使句就有 12 句，占总语料的 24％，如"绝对不许……"、"别问为什么"等非礼貌用语。

　　礼貌是维护会话顺利进行的基本条件之一，维护双方的面子是礼貌表现的方式之一。然而，阿斯伯格患者的邮件中时常会出现"我可讨厌你这样啊"、"你要是不……我就不让你……"等之类的非礼貌用语。即使发出询问，也是非常生硬的表述，如"你到底是……还是……"，或者干脆直截了当地发出命令如"赶快给我说"、"你赶快给我如实回答"、"给我老实交代"等。

　　邓思颖（2010）在他的《形式汉语句法学》中将语气词进行了分类，其中包括表示时间的"了"、表示焦点的"呢"、表示语气程度的"吗"、"吧"、表示感情的"啊"，并在句法结构中进行了如下排序：

　　（1）时间＞焦点＞程度＞感情

　　如果用 T 表示时间，用 F 表示语气，用 F1、F2、F3 分别表示语气的三个分解成分——焦点、程度、感情，那么语气词的形式表达就是（2）。

---

　　① 为了保护患者的隐私，此处省去了语料的内容。

(2)
```
        FP3
      ↗
   FP2  (F3) ──────→ 情感
  ↗
FP1  F2
 ↗
  F1
```

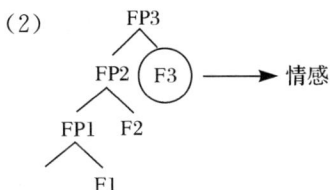

虽然邓思颖对语气词的分类中包含的情感因素不能代表语言情感的全部,但是,我们仍然可以借鉴这一形式结构。我们将阿斯伯格综合征的语用信息进行形式分析,就能看出,患者语用缺损的最严重节点在 F3,即情感的缺损(见(2)中的圆圈标记)。正是患者在情感上的缺损才导致患者难以驾驭出于情感因素而需要遵循的礼貌原则,由此而发生的交际障碍在所难免。

13.3　阿斯伯格综合征与相关精神病症

Ghaziuddin(2002)在阿斯伯格综合征的评判标准中增加了"精神疾病"的因素,这一增添并非空穴来风。Raja 和 Azzoni(2001)的研究发现,40％的阿斯伯格综合征患者表现出不同程度的精神病症。患者除了不听指挥、我行我素、烦躁不安,或行为异常、不懂礼貌、很难按要求行事之外,还通常伴有暴力行为;有些患者还具有严重的行为问题,他们学习困难,攻击性强,且时常与人打架斗殴;有的喜欢藏匿物品,喜欢搞破坏,对同伴心怀恶意。Ghaziuddin(2002)给这些患者划定了一个外在化行为表现范畴,这就是"行为异常"(defiance)、"不懂礼貌"(disrespect of authority)、"执行指令困难"(difficulty in following directions)、"频繁多动"(restless)和"坐立不安"(fidgety behavior)。

然而,有关阿斯伯格综合征患者精神症状的研究并非仅限于此。Wing(1981)收治的 34 例患者也都曾有过精神病史。在处于诊断期的 18 例疑似患者中,有 4 例 16 岁以下的患者有过传染病史,4 例变得愈加"古怪"（odd）、"不合群"（withdrawn），1 例出现错觉（delusions）和幻觉（hallucinations），1 例患有紧张性精神分裂症（catatonic stupor）；不过，还有 3 例虽行为古怪（bizarre behavior），但未见精神病症状。

Ghaziuddin 等（1998）在对 35 例阿斯伯格综合征患者两年后的复诊时发现，有 23 例（65％）被查出患有多重精神障碍（comorbid psychiatric disorder），其中以注意力缺陷／多动症（attention deficit/hyperactivity disorder，ADHD）和抑郁症（depression）居多，包括重症抑郁（major depression）、心境恶劣（dysthymia）、两极紊乱（bipolar disorder）等，10 例同时患 ADHD，13 例同时患有抑郁症（其中 8 例为重症患者，4 例为心境恶劣患者，1 例为双向障碍患者），1 例同时患抽动秽语综合征（tourette syndrome），1 例同时患强迫症（obsessive-compulsive disorder，OCD），1 例抽动障碍（tic disorder）。有 3 例患者分别进行了 2 次诊断（1 例是 ADHD 患者伴重症抑郁症，1 例是 OCD 患者伴重症抑郁症，另一患者是抽动症伴心境恶劣），患者均未出现幻觉症状。

13.4　阿斯伯格综合征与情绪紊乱

阿斯伯格综合征不仅与精神疾病有着密切的关系，它还与人的情绪紊乱（mood disorders）有着千丝万缕的联系。Gillberg（1985）收治的一例 14 岁阿斯伯格综合征男孩有精神病反复发作记录，Billberg 据此怀疑家族抑郁史与阿斯伯格综合征的因果关系。在一个有 6 位阿斯伯格综合征患者成员的家庭中，1 例 40 岁女性患者曾服用锂制剂（lithium）治疗情绪波动。另一家庭中，1 例阿斯伯格综合征患者的同胞兄妹抑郁症反复发作，其爷爷奶奶患有严重的抑郁症并反复发作，一个姑姑患上偏执狂（paranoia）。还有一个家庭，阿斯伯格综合征患者的母亲有过两次重症抑郁症发作的记录。

此外，Green 等（2000）还对 20 例阿斯伯格综合征青少年患者和 20 例重症品行障碍（severe conduct disorder）青少年患者进行比较，结果发现，阿斯伯格综合征患者表现出强烈的焦虑症和强迫症（anxiety and obsessional disorders），而两组患者中都出现过抑郁、自杀（suicidal ideation）和暴怒发作（temper tantrums）。

Klin 等（1995）认为，抑郁的发作主要与对自己"无能"（disability）的认知、遗传因素（genetic factors）以及在非语言学习方面的无能（nonverbal learning disability，NLD）等因素有关。

13.5　阿斯伯格综合征与强迫症

虽然阿斯伯格综合征与强迫症（obsessive-compulsive disorder，OCD）有很多吻合之处，但二者差异显而易见。Ghaziuddin(2002)将二者的区别描述为：OCD 患者无社交缺陷，无交流障碍，无言语语义缺陷。有报道称 OCD 患者在协调能力上存在感觉异常及感觉缺陷（sensory abnormalities and deficits）。而阿斯伯格综合征患者所表现出来的刻板兴趣并非出于内心痛苦（inner distress），而是出于好玩（pleasurable）。OCD 患者常常伴有痛苦与焦虑。

虽然阿斯伯格综合征患者与 OCD 患者能够轻易地区分开来，但 Ghaziuddin(2002)又认为，临床中不乏两种症状共现的现象。因此，进一步加强对 OCD 的诊断十分必要。

13.6　阿斯伯格综合征与注意力缺陷多动症

临床病例显示，多数阿斯伯格综合征患者在中学期间表现出与 AHDH 类似的症状，而一旦进入青春期便表现出抑郁症状（1985）。

多动(hyperactivity)有时常伴协调问题。在斯堪的纳维亚半岛国家中，多动与协调问题的并发常被归入注意力缺陷多动症(ADHD)和运动表现无能(motor performance dysfunction)。在对阿斯伯格综合征的流行病研究中，Ehlers、Gillberg(1993)发现，5 例 7～15 岁阿斯伯格综合征患者中有 4 例达到了 DAMP 标准。Ghaziuddin(2002)指出，阿斯伯格综合征患者很有可能因为与社会接触时所表现出来的怪异举动及扰人事件而被误诊为 ADHD。他们的监护人有时会把注意力问题当成社交缺陷。而临床病例显示，阿斯伯格综合征患者更容易表现得活跃、怪异而不是冷淡(aloof)和被动(passive)。还有一种解释是，两种病例之间至少在儿童期存在一定的联系，这样，患者的 ADHD 症状往往会因其阿斯伯格综合征症状的凸显、对干预反应冷淡和存在社交缺陷的症状而被掩藏起来，这种状况尤其易发生在已确诊的 OCD 患者身上。

13.7　阿斯伯格综合征与抽动障碍

Ringman、Jankovic(2003)曾经报道过几例同时患有抽动障碍(tic disorders)和抽动秽语综合征的阿斯伯格综合征患者。Ehlers、Gillberg(1993)接触的 5 例患者中有 2 例抽动障碍患者；Kerbeshian 等(1986)接触的 6 例患者中有 3 例同时患有抽动秽语综合征，他们都在被确诊为阿斯伯格综合征后相继患上了抽动症，说明这些症状的发生可能是个次要事件(a secondary event)。Berthier 等(1993)对阿斯伯格综合征与抽动秽语综合征患者的核磁共振研究显示，与患有抽动秽语综合征但无阿斯伯格综合征的患者相比，其大脑结构异常的几率较高，表明大脑的前额皮层系统(frontal-subcortical systems)在阿斯伯格综合征与抽动秽语综合征的共病发作病理学研究中发挥重要作用。

Kadesjo 等(2000)曾在特定的地理区域对抽动秽语综合征患者进行了流行病及并发症调研,结果发现 2/3 的患者都表现出孤独症或阿斯伯格综合征状,这更加说明了两种病症之间的密切关系。

13.8　阿斯伯格综合征与暴力倾向

Ghaziuddin(2002)认为,与常人相比,阿斯伯格综合征患者的确具有更强的暴力倾向,他们在青春期或青年时代容易出现突然攻击行为,这在司法专科医院显得尤为突出。Broadmoor 医院是英国一家专门针对由于心理问题而实施骚扰事件的当事人所设立的司法医院,Scragg 等(1994)曾对那里的所有阿斯伯格综合征男性患者进行了调查,结果发现,阿斯伯格综合征患病率比普通人群的患病率高。在一项针对等待司法鉴定结果的准精神病年轻患者群的研究中,3% 的人被诊断为阿斯伯格综合征,而 PDD 患者的比例为 12%,ADHD 患者达到 15%。

不过,对于上述报道,Ghaziuddin(2002)却另有看法:虽然作者特别强调了出于对阿斯伯格综合征患者身份的考虑,司法人员必须暂时隐身,但他们忽视了一个重要的问题:与他人相比,阿斯伯格综合征患者面对暴力是否会更懦弱? Ghaziuddin(2002)认为,总的来说,就残疾人所表现出的暴力、犯罪及骚扰行为而言,其说服力依然存在严峻的挑战。因此,上述病例尤其不能作为阿斯伯格综合征患者的代表。所以,由此而做出阿斯伯格综合征患者的暴力及犯罪倾向具有上升趋势的定论还为时尚早。

但 Ghaziuddin(2002)又指出,虽然暴力事件在阿斯伯格综合征患者中并非呈上升趋势,但骚扰行为的存在却不容否认。这种暴力事件特点如下:(1)多数暴力犯罪行为源于习惯性的疏忽大意,如过分沉醉于化学试验可能导致阿斯伯格综合征年轻患者制毒、用毒。

(2)阿斯伯格综合征患者犯罪时很少试图掩盖其行为及不良动机，这与患有其他障碍及人格障碍的人群形成鲜明的对比，后者往往在实施犯罪时企图掩盖自己的真实动机及情感。(3)阿斯伯格综合征患者具有暴力倾向，他们实施犯罪时往往与尚未诊断的精神障碍有关。(4)患有阿斯伯格综合征并不排除患者还会伴有其他精神疾病，仅这一症状本身就足以增加暴力骚扰事件的危险系数。

13.9   阿斯伯格综合征与突发疾病

Ghaziuddin(2002)的研究还显示，传统意义上的孤独症患者中至少有 30% 的患者与癫痫存在关联。这些突发疾病（seizure disorder）有时也会发生于阿斯伯格综合征患者身上，但人们并不清楚这种联系与发生在传统孤独症患者身上的联系是否一致。

13.10   阿斯伯格综合征与染色体异常

尽管按照定义阿斯伯格综合征患者并无认知缺陷，其智商测试均处于 IQ 的平均值，但有些患者则患有心理发育迟缓综合征（mental retardation syndromes）。Stacey 等(2008)描述的 1 例同时患有阿斯伯格综合征和抽动障碍共患男童（12 岁），表现出与 X 染色体相关的心理发育迟缓（X-linked mental retardation）。Anneren 等(1995)也曾发现 1 例 10 岁男孩的第 17 或 19 号染色体发生平行易位（balanced translocation），已经符合阿斯伯格综合征的评判标准。Saliba 等(1990)报道一男童患者其 2 号染色体的长臂上有一脆性位点（fragile site），但因这个小孩的语言发育不全，阿斯伯格综合征的诊断未经确认。Gillberg(1989)研究的 20 例儿童患者中，2 例患有"47,XYY"综合征，1 例 5 号染色体的短臂表现异常。

13.11　阿斯伯格综合征与睡眠障碍

Godbout 等(2000)曾对患有睡眠障碍的 8 例阿斯伯格综合征患者进行研究发现,患者的异常千姿百态,如在夜间的前 2/3 时间内睡眠时间减少,进入 REM 睡眠状态次数增加,并表现出快动眼球睡眠障碍(REM-sleep disruption),这使笔者提出疑问:睡眠机制受损是否与阿斯伯格综合征有必然联系? 与此相反,Berthier 等(1992)接诊的 2 例阿斯伯格综合征青春期男性患者曾经有过嗜睡史和异常行为表现并反复发作。除此之外,Furusho 等(2001)还描述了 1 例 8 岁阿斯伯格综合征患者也曾有过睡眠障碍(sleep disturbance)和重复性行为(repetitive behaviors)史,这恰恰是使用选择性 5 羟色胺再摄取抑制剂(a selective serotonin uptake inhibitor)的适应症范围。Brosnan(2009)也发现,阿斯伯格综合征患者之所以难以适应环境的变化可能与其丘脑—垂体—肾上腺轴(hypothalamic-pituitary-adrenal, HPA)的功能缺陷有关,因为功能良好的 HPA 是患者的皮质醇在觉醒时得以迅速上升的生物保障。相比之下,常人醒来后其皮质醇觉醒反应(cortisol awakening response, CAR)的变化却非常明显,这一现象反映出睡眠可能与阿斯伯格综合征有一定的关联。而就与阿斯伯格综合征具有很多吻合特征的孤独症患者而言,其睡眠问题早已纳入了许多学者(Allik et al., 2006;Krakowiak et al., 2008;Mayes & Calhoun,2009)的研究范畴。

13.12　其他疾病病因

临床研究显示,阿斯伯格综合征的病状各异,体重过轻(Sobansky et al., 1999)、结缔组织异常(connective tissue abnormalities)（见 Tantam et al.，1990）、脑瘫（cerebral palsy）（见 Gillberg，1989）、氨基酸尿（aminoaciduria）（见 Miles et al.，1987））、手足发绀症（acrocyanosis）（见 Carpenter et al.，1990））等都可能成为阿斯伯格综合征的病态表现之一。

13.13 结 语

Ghaziuddin（2005）在总结上述研究时说，阿斯伯格综合征中有相当一部分患者伴有精神障碍，其类型各异，轻重不一，但总的来说，幼儿患者表现出的骚扰行为和多动以及处于青春期的患者与成年患者所表现出的抑郁症状构成了这类疾病的典型特征。但由于上述数据主要来源于临床，就患者在其真实背景中的表现如何仍然不为人知。虽说与精神障碍的研究相比，上述数据还显得不够，但至少能够为阿斯伯格综合征的病因提供一些间接证据，人们在探寻阿斯伯格综合征病因的同时至少能够考虑到促成这些障碍本身发生的许多关联因素。本文中关于抑郁症与 ADHD 的高发案例表明，阿斯伯格综合征与其他障碍的关联并非偶然。对针对多发疾病紊乱的（comorbid disorders）研究有助于为患者提供正确的医治方案。此外，多发性综合征的治疗将有助于提高患者的总体生活质量，这对各种障碍患者来说意义深远。

参考文献

1. Allik H，Larsson J O，Smedje H. 2006. Sleep patterns of school-age children with Asperger Syndrome or high-functioning autism. J Autism Dev Disord（36）：585-595.

2. Anneren G，Dahl N，Uddenfeldt U，et al. 1995. Asperger syndrome in

a boy with a balanced de novo translocation. Am J Med Genet (56): 330-331.

3. Berthier M L, Santamaria J, Encabo H, et al. 1992. Recurrent hypersomnia in two adolescent males with Asperger's syndrome. J Am Acad Child Adolesc Psychiatry (31): 735-738.

4. Berthier M L, Bayes A, Tolosa E S, 1993. Magnetic resonance imaging in patients with concurrent Tourette disorder and Asperger's syndrome. J Am Acad Child and Adolesc Psychiatry (32): 633-639.

5. Boardman, J. 2003. Work, employment and psychiatric disability. Journal of continuing professional development (9):327-334.

6. Brosnan M. , Turner-Cobb J. , Munro-Naan Z. , et al. 2009. Absence of a normal Cortisol Awakening Response (CAR) in adolescent males with Asperger. Psychoneuroendocrinology (34): 1095-1100.

7. Carpenter P K, Morris D, 1990. Association of acrocyanosis with Asperger's syndrome. Journal of Mental Deficiency Research (34): 87-90.

8. Ehlers S, Gillber C. 1993. The epidemiology of Asperger syndrome: A total population study. J Child Psychol Psychiatry (34): 1327-1350.

9. Farnworth, Louise, 2009. An occupational and Rehabilitation perspective for institutional practice. Psychiatric Rehabilitation Journal 32(3): 192-198.

10. Fitzgerald M. 2000. Einstein: Brain and behaviour. J Autism Dev Disord (30): 620-621.

11. Furusho J, Matsuzaki K, Ichihashi I, et al. 2001. Alleviation of sleep disturbance and repetitive behavior by a selective serotonin re-uptake inhibitor in a boy with Asperger's syndrome. Brain Dev (23): 135-137.

12. Gary R. Bond. 2004. Supported employment: evidence for an evidence-based practice. Psychiatric Rehabilitation Journal (27): 345-359.

13. Ghaziuddin M, Weidmer-Mikhail E, Ghaziuddin N. 1998. Comorbidity of Asperger syndrom: A preliminary report. JIDR (42): 279-283.

14. Ghaziuddin M. 2002. Asperger Syndrome: Associated Psychiatric and

Medical Conditions. Focus on Autism and Other Developmental Disabilities (17): 138-144.

15. Gillberg C. 1985. Asperger's syndrome and recurrent psychosis—A case study. J Autism Dev Disord (15): 189-197.

16. Gillberg C. 1989. Asperger syndrome in 23 Swedish children. Dev Med Child Neurol (31): 520-531.

17. Godbout R, Bergeron C, Limoges E, et al. 2000. A laboratory study of sleep in Asperger's syndrome. Neuroreport, 11(1): 127-130.

18. Green J, Gilchrist A, Burton D, et al. 2000. Social and psychiatric functioning in adolescents with Asperger syndrome compared with conduct disorder. J Autism Dev Disord (30): 179-293.

19. Grice P, 1967, The Co-operative Principle of Grice, In: Series lectures at Harvard University.

20. Howlin Patricia, 2000. Outcome in adult life for more able individuals with autism or Asperger Syndrome, Autism , 4(63),63-83

21. Kadesjo B, Gillber C, 2000. Tourette's disorder: Epidemiology and comorbidity in primary school children. J Am Acad Child and Adolesc Psychiatry (39): 548-555.

22. Karen S. Danley, E. Sally Rogers et al. 1994. Supported Employment for Adults with Psychiatric Disability: Results of an Innovative Demonstration Project. Boston University. http://www. bu. edu/cpr/resources/articles/1990-1995/danley1994. pdf.

23. Kerbeshian J. , Burd L. 1986. Asperger's syndrome and Tourette syndrome: The case of the Pinball Wizard. J Br J Psychiatry (148): 731-736.

24. Klin A. , Volkmar, F R. , Sparrow S. S. , et al. 1995. Validity and neuropsychological characteriszation of Asperger syndrome: Convergence with nonverbal learning disabilities. J Child Psychol Psychiatry (36): 1127-1140.

25. Krakowiak P. , Goodlin-Jones B. , Hertz-Picciotto I. et al. 2008. Sleep problems in children with autism spectrum disorders, developmental deyays, and

typical development: A population-based study. J Sleep Res (17):197-206.

26. Leech G. 1983. Principles of Pragmatics. London and New York: Longman Press.

27. Mayes D. S, Calhoun L. S. 2009. Sleep problems in children with autism, ADHD, anxiety, depression, acquired brain injury, and typical development. Sleep Medicine Clinics (4):19-25.

28. Meyer N. , Roger, 2004. Asperger syndrome Employment Workbook: An Employment Workbook for Adults with Asperger Syndrome. Journal of Occupational Psychology, Employment and Disability. 6(2), 93-95.

29. Miles S. W. & Capelle P. 1987. Asperger's syndrome and aminoaciduria. Br J Psychiatry (150): 397-400.

30. Raja M & A. Azzoni, 2001. Asperger's disorder in the emergency psychiatric setting. Gen Hosp Psychiatry (23): 285-293.

31. Ringman J. M. & J. Jankovic, 2000. Occurrence of tics in Asperger's syndrome and autistic disorder. J Child Neurol (15): 394-400.

32. Saliba J. R. 1990. Griffiths M. Autism of the Asperger type associated with an autosomal fragile site. J Autism Dev Disord(20): 569-575.

33. Schopler E. 1985. Convergence of learning disability, hergher-level autism, and Asperger syndrome. J Autism Dev Disord (15): 359-360.

34. Scragg P, Shah A. 1994. Prevalence of Asperger's syndrome in a secure hospital. Br J Psychiatry (165): 659-682.

35. Sobansky E. , A. Marcus A, K. Hennighausen et al. 1999. Further evidence for a low body weight in male children and adolescents with Asperger's disorder. Eur Child Adolesc Psychiatry (8): 312-314.

36. Stacey E, L. Burd, J. Kerbeshian et al. 2000. Asperger's syndrome, X-linked mental retardation (MRX23), and chronic vocal tic disorder. J Child Neurol 15(10): 699-702.

37. Tantam D. , C. Evered & L. Hersov, 1990. Asperger's syndrome and ligamentous laxity. J Am Acad Child Adolesc Psychiatry (29): 892-896.

38. US Department of Health and Human Services，2003. Supported employment-a guide for Wing L. 1981. Asperger's syndrome：A clinical account. Psychological Medicine (11)：115-129.

39. 陈有福,朱美兰,巩桂双.探索具有中国民政特色的精神残疾康复之路.中国民政医学杂志,2001(1):34—48.

40. 邓思颖.形式汉语句法学.上海:上海教育出版社,2010.

41. 高圆圆.对精神残疾群体回归社会的思考.黑龙江社会科学,2009(5):168—171.

42. 韩国玲,杜欣柏,魏洪等.青海省精神残疾康复工作现状调查及对策.中国康复,2009(2):62—64.

43. 黄靖康,张向阳,胡湘郐.精神分裂症患者的精神残疾与社会功能之间影响因素分析.现代康复,2001(8):82—82.

44. 黄伟舍.Asperger 综合征.临床精神医学杂志,2003(1):48—49.

45. 刘靖,马俊红,杨文.儿童孤独症精神药物治疗研究的系统回顾.中国儿童保健杂志,2010(10):732—735.

46. 上海市精神残疾人亲友会.上海市精神残疾人就业现状及对策探讨.社会学,2006(2):1—10.

47. 王辉.国内 Asperger 综合征的研究现状.中国特殊教育,2005(8):48—51.

48. 王红怡,温晓梅.孤独症研究的若干进展(上).海南医学,2011(1):105—113.

49. 卫生部.卫生部办公厅关于印发《儿童孤独症诊疗康复指南》的通知.卫办医政发〔2010〕123 号.

50. 袁晓斌,侯加平.孤独症研究进展.青岛医药卫生,2007(1):50—53.

第 14 章　语言研究的脑信息学视角：机器翻译[①]

14.1　巴比塔的传说

《圣经·创世纪》中有一段美丽的传说,讲的是人类在遥远的古代曾经使用统一的语言。由于没有语言障碍,当时人们的交流非常方便,由此产生的人际关系非常和谐。为了让后人记住他们建设社会的丰功伟绩,他们曾想建造一座通向天际的通天塔,并给它取名为巴比塔(Babel)。不幸的是,他们的壮举惊动了上帝。结果,上帝略施招数,把人类原本统一的语言变成了五花八门的不同语言。从此,人类的交际便因语言不通而存在障碍,由此给人际关系的维系带来了诸多不便,社会矛盾逐渐增多,人际关系逐渐复杂,以往的太平盛世也从此一去不复返了。

虽然我们无从考证巴比塔的传说是否真实,但一个无可争辩的事实是,人类语言的不通已经成为人际交往的重大障碍。为了扫清这一障碍,人类开始寻找一种能够让讲不同语言的人们都能使用的媒介,这就是机器翻译技术的开发。

---

① 　本章内容是在《机器翻译的回顾与展望》(吴会芹,2003)基础上拓展而成。

14.2 机器脑的问世

虽然机器翻译是人类近代史上发生事情，但用机器翻译技术取代人工翻译的想法自古有之。

古希腊时代，人们试图设计一种理想化的语言叫自然语。17 世纪，笛卡尔（Descartes）和莱布尼兹（Leibniz）试图在统一的数字代码基础上编写字典，提出用机器词典来克服语言障碍的设想。17 世纪中叶展开的"普遍语法"的运动，旨在运用逻辑原则和图形符号的基础上，创造出一种无歧义的语言，其中最著名的成果便是维尔金斯（John Wilkins）在《关于正式符号和哲学语言的论文》（An Essay towards a Real Character and Philosophical Language，1668）中提出的中介语（Interlangua）。中介语的设计试图将世界上所有的概念和试题加以分类和编码，有规律地列出并描述所有的概念和实体，并根据它们各自的特点和性质，给予不同的记号和名称。

20 世纪初，德国学者里格（W. Rieger）提出了一种数字语法（zifferngrammatic），这种语法加上词典的辅助，可以利用机器将一种语言翻译成多种语言。届此，"机器翻译"这一术语（德语 ein mechanisches uebersetzen）首次被使用。

20 世纪 30 年代初，法国工程师阿尔楚尼（G. G. Artsouni）提出用机器进行语言翻译的想法，并在 1933 年 7 月 22 日获得了一项"机械脑"的专利。他认为，这个"机械脑"翻译机可以记录火车时刻表和银行账户，尤其适合被用作机器翻译。后来，虽然因第二次世界大战的爆发，其安装最终夭折，但是，它的出现却在法国邮政、电信部门引起轰动。

14.3 机器翻译的初始与繁荣

真正对机器翻译进行研究应该说是从布思（A. D. Booth）和韦弗开始的，他们研究的是自动词典（automatic dictionary）。从 1954 年 1 月 7 日公开展示的 IMB701 型计算机开始，机器翻译进入一个繁荣发展时期。从那时起，很多国家都投入了大量的人力、物力从事这方面的研究和开发。

1949 年，韦弗在他的《翻译》中正式提出了机器翻译问题。他认为人类各种语言有许多共性，这一共性使得翻译机的发明具有一定的可行性。所谓机器翻译就是对语言进行编码和解码的过程。这一过程不需要真正懂得这门语言就能实现。韦弗在《翻译》备忘录中讲到了布朗大学的数学系教授 Gilman 先生，他曾在既不懂土耳其语又不知其密码时用土耳其文写成的情况下竟然解读了一篇长约 100 个词的土耳其文密码。这一故事让韦弗兴奋不已，他坚信解读密码的技巧与能力不受语言的影响，因而完全可以用来做机器翻译。韦弗在他的《翻译》中还提出了另一个重要的观点，他认为把 A 语言翻译成 B 语言就是从 A 语言出发，经过一种"通用语言"（Universal Language）或中介语（Interlinga），然后转换为 B 语言的过程。在他的理论思想指引下，1954 年，美国乔治敦大学在 IBM 公司的协助下进行了第一次机器翻译实验，最终把几个简单的俄语句子译成英语。在这次实验的影响下，苏联、英国、日本等国家相继投入了大量的人力、物力进行了机器翻译的实验与开发，机器翻译进入了繁荣时期。

14.4 计算语言学的兴起

然而，把各种语言转换成一种统一的代码进行识别并非易事。

这些工作的开展除了需要思想家的灵感和先进的技术支持之外,研究各种语言中蕴含的规则则是这项技术获得成功的关键。当韦弗以满腔的热忱投入到机器翻译的伟大事业的时候,他远远没有预见到,语言在词法、句法、语义上的复杂会使机器翻译的前景遭遇重大挑战。1964 年,当美国科学院语言自动处理咨询委员会(Automatic Language Processing Advisory Committee,简称 ALPAC)宣布,"在目前给机器翻译以大力支持还没有多少理由"时,机器翻译的前景开始变得一片黯淡。

之后,一些有识之士开始从另一角度对机器存在的问题展开思考,其间最重要的一个变化是,人们开始从计算机处理自然语言的角度研究语言。也就是在这个时候,Hays 首次提出了"计算语言学"(computational linguistics)这个术语。这样,一门涉及自然语言计算机处理的新兴科学开始问世。

14.5　计算语言学的发展

自然语言理解又叫人机对话(Man-Machine Dialogue),是"研究如何让计算机理解和运用人类的自然语言,使得计算机懂得自然语言的含义,并对人给计算机提出的问题,通过对话的方式,用自然语言进行回答"(冯志伟,2008)。

第一代自然语言理解系统分为特殊格式系统、基于文本的系统、有限逻辑系统以及一般演绎系统四个类型。

特殊格式系统是根据人机对话内容的特点,通过输入特定格式的语言和特定格式的问题来给予特定格式的答案。如 1963 年 Lindsay 创建的 SAD-SAM 系统、1968 年 Bobrow 设计的 STUDENT 系统、20 世纪 60 年代初期 Green 创建的 BASEBALL 系统等都属于这一类型。这些系统是将一些模式化的英语句归纳为一个基本模式,然后由计算机对其进行理解,并针对其中的问题做出解答。由于这类系统对语言格式有很高的要求,因此,它们对语言的句法分析能力往往较差,使用者只能输入非常简单的句子,然而由机器词典通过对单词的识别给出答案。

为了克服格式困难,有些人开始琢磨如何使用文本资料进行机器翻译。基于文本的翻译系统是先将大量的文本信息储存于系统,使用者的所需信息只要不超越文本信息,就能通过检索获得答案。由于基于文本的翻译系统在一定程度上超越了格式的限制,因而使用起来有更多的便利。

后来,人们对文本系统进行了改进,通过把自然语言中的句子用更加形式化的记号进行处理,这样,计算机在对其进行理解时就能进行推理,从而得出较为符合逻辑的答案。由于这些符号本身自成系统,这种翻译系统被称为有限逻辑系统。

自然语言的理解系统还有一般演绎系统,是通过使用某些标准数学符号进行信息表达的系统。如用数学符号 $\exists$ 表示存在量词,将 $\exists$ 与 x 合并就能表示"存在某个 x"。如果用 $\forall$ 符号表示全称量词,那么将 $\forall$ 与 x 合并后就能表示"所有的 x"。这样,我们就可以使用下列数学符号表达如下句子:

(1) Every student is present.

$\forall x\,(\text{student}(x) \rightarrow \text{present}(x))$.

由于一般演绎系统能够表达有限逻辑系统不易表达的复杂信息,因而其自然语言的理解力得到加强,在性能上超越了一般逻辑系统。

第二代自然语言理解系统出现于 20 世纪 70 年代之后。这代系统开始把自然语言的语义、语境、语用等诸多因素考虑进来,从而使语言本身所表现的多义性、多变性和发展性开始成为机器翻译研究的重要内容。如 1972 年美国麻省理工学院 Winograd 创建的

SHRDLU 是个有手有眼的机器人，他在与自然人的对话中能够将对自然语言的句法分析、语义分析和逻辑推理等能力综合利用，达到理解语言执行命令的目的。

14.6　生成语法理论对机器翻译的影响

如果说词的翻译是机器翻译在人机对话的初级表现形式，那么进行复杂的句法分析，提高机器对句子的理解力则是机器翻译的高级表现形式，它是机器翻译的根本。

自从计算语言学问世以来，语言学家对句法规则的研究便成为计算语言学家关注的焦点。这个时期开发的机器系统在翻译质量上有了质的飞跃：如法国格勒布尔理科医科大学应用数学研究所（IMAG）自动翻译中心（CETA）的机器翻译系统，其中的翻译软件ATEF 和 ROBRA 都能接受对原语单词的词法分析；ROBRA 软件在翻译时还能实现句法结构的转换及句法的生成；SYGMOR 软件则能先使译文的句法生成以字符链的形式重新输入，然后再提供译文。

而 Chomsky 创建的生成语法（Generative Grammar）理论则在很大程度上为机器翻译发生质的飞跃作出了贡献。

生成语法又叫生成语言学（Generative Linguistics）、形式语言学（Formal Linguistics），是对自然语言的形式描述。在 Chomsky 看来，人类语言的外在表述形式虽然千姿百态，但在其底层则无一例外地表现出相同的模式，无论它发生怎样的变化，都始终遵循着人类语言特有的普遍原则（普遍语法），区别仅在于其中的参数不同罢了。因此，从理论上讲，找出各语言间的通用规则，将自然语言中的有限用法投入到无限的使用中去，就能扫清因语言不通而产生的交际障碍。在这一思想理念指导下，Chomsky 把对自然语言的解释提升到用形式化描述的高度，认为自然语言的语法就是"对程序设计语言的详细说明"，而符号串就是程序。这样，自然语言和程序设计语言就被置于同一个平面上来，从而为自然语言的程序化设计奠定了认识基础。

Chomsky 的自然语言思想学说深受计算机语言学者的宠爱，因为将自然语言进行形式化描述符合计算语言学的发展。在 Chomsky 自然语言思想的影响下，一批机器翻译研究者开始密切关注 Chomsky 的生成语言学理论，其中，最受关注的则是上下文无关文法。上下文无关文法是指"语法中改写规则的左部是一个孤零零的非终极符号，这个非终极符号在改写规则中与上下文没有关系"[①]（冯志伟，2008）。

生成语法中的短语语类改写规则也对机器翻译产生重要影响。

我们在第八章详细介绍了 Chomsky 的短语语类规则。按照这

---

① 冯志伟曾就 Chomsky 的上下文无关语法进行过如下描述：

设 $G=\{V_N, V_T, S, P\}$，如果某个结构树符合以下条件，它就是上下文无关语法 G 的推导树：

（i）每一个节点都有一个标记，这个标记是 V 中的符号；

（ii）其根标记是 S；

（iii）如果节点 n 至少有一个不同于其本身的后代，并有标记 A，那么，A 必定是 V_N 中的符号；

（iv）如果节点 $n_1, n_2, \cdots, n_k$ 是节点 n 的直系后裔，从左向右排列，其标记分别是 A_1，$A_2, \cdots, A_k$，那么，"$A \rightarrow A_1 A_2 \cdots A_k$"一定是 P 中的改写规则。

$G=\{VN, VT, S, P\}$

$VN=\{A, S\}$

$VT=\{a, b\}$

$S=\{S\}$

P：$S \rightarrow aAS$

　　$A \rightarrow SbA$

　　$S \rightarrow a$

　　$A \rightarrow ba$

由于上述四个改写规则的左边都是一个独立的非终极符合 S 或 A，右边都是不同于 fy 的符号串，因而它是个上下文无关文法。

一规则，句子 S 可以改写为名词短语 NP＋动词短语 VP，NP 又可以改写为 D＋N，VP 可以改写为 V＋NP，其改写式如下：

(2)a. S→NP VP

   b. NP→D N

   c. VP→V NP

句法结构的演绎操作如同代数式的代入操作一样。如果以(2a)为基础，将(2b)与(2c)依次代入(2a)，就会得(3b-d)。

(3)a. S→NP VP

   b. S→D N VP

   c. S→D N V NP

   d. S→D N V D N

如果将含有对应结构的句子"The boy loves the girl"代入(3)，就会得(4)。

(4) The boy loves the girl.

将(4)以树形图展示就会得(5)。

(5)

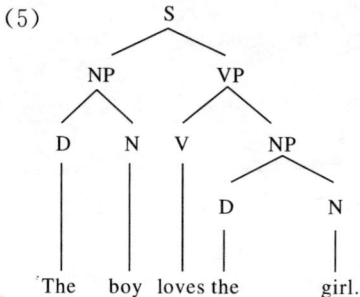

14.7　近年来机器翻译存在的问题

笔者(吴会芹，2003)曾经就英汉在机器翻译方面的情况做过研究。从当时的翻译系统译文质量来看，有些系统已经能够做到把常

用会话、含有固定短语的句子及不含标句词的定语从句译得很好,如:

（6）原文:The friends you praised sometimes deserve it.

　　Matrix 译文:你有时赞扬的朋友应该是它。

　　人工译文:你有时赞扬的朋友很值得赞扬。

虽然 Matrix 系统在对远距离的谓词 deserve 的语义还把握得不够准确,但却能较好地识别不含标句词的简单定语从句 you praised sometimes。

如今,这些英语的机器翻译在有道、百度及谷歌翻译系统下质量已经有了明显的提高,如:

（7）原文:The friends you praised sometimes deserve it.

　　有道译文:你的朋友称赞有时应得的。

　　百度译文:你有时赞扬的朋友值得。

　　谷歌译文:赞美你的朋友,有时值得。

然而,以往翻译系统中存在的对标句词的识别困难在如今的翻译系统中依然存在。如:

（8）原文:I don't know the boy who is waiting outside.

　　译文:我不认识这个男孩谁在外面等着。

　　人工译文:在外边等着的那个男孩我不认识。

　（吴会芹,2003）

如今,虽然随着语言学理论及技术的发展,许多机器翻译系统的译文的可读性已经有了很大的改进,如有道、百度、谷歌翻译系统对（8）原文翻译如下:

（9）原文:I don't know the boy who is waiting outside.

　　有道译文:我不知道那个男孩正在外面等候。

　　百度译文:我不知道那个男孩是谁在外面等着。

　　谷歌译文:我不知道外面等候的男孩是谁。

(9)的译文显示,这些软件在对 who 的语义及其功能等识别方面存在困难。

Who 在句子中既可以充当疑问词功能,也可以发挥标句词的功能作用,如果与否定词连用还会表示极端用法。显然,上述翻译系统不仅对 who 的多重语义及功能的判断存在困难,而且对含有标句词的定语从句翻译仍然有些问题。

此外,以往机器翻译系统曾经存在过的问题有些依旧存在。如史晓东(Mandel Shi)于 1990—1995 期间编写完成的 Matrix 英汉翻译系统(罗选民等,1999)曾在一些相对复杂的成语、习语的分析方面有很大的不足。如:

(10)原文:He always asks for moon.

　　Matrix 译文:他总是正在请求月亮。

　　人工译文:他总是想入非非。

(11)原文:Ross wanted to phone the man with the limp.

　　Matrix 译文:Ross 想要用跛打电话给男人。

　　人工译文:Ross 想要打电话给拄着拐杖的男人。

如今,这些固定结构的翻译问题在谷歌、百度及有道等翻译系统中依然存在,如:

(12)原文:He always asks for moon.

　　谷歌译文:他总是问月亮。

　　百度译文:他总是要求月亮。

　　有道译文:他总是问月亮。

(13)原文:Ross wanted to phone the man with the limp.

　　有道译文:罗斯想打电话给那个拿着一瘸一拐。

　　百度译文:罗斯想打个电话与跛行。

　　谷歌译文:罗斯想打电话与跛行的人。

生成语法理论框架下的英语标句词理论研究已经取得了长足的

进步,其理论框架已经非常成熟。通常情况下,这些标句词被视为一个句子的标志置于句子或子句的句首。即使在一个完整的句式中没有显性标句词,但却默认它隐性存在,因此它是标示一个句子的功能成分。如能在该理论框架下将具有相应前置词的标句词(如 wh-词)结构规定为标句词结构 CP,将无前置词的标句词(如 wh-词)结构规定为疑问句,再根据这个 CP 的结构有无倒置结构需求,从而将非倒置结构中的 wh-词规定为标句词,将倒置结构中的 wh-词规定为疑问词,这样或许能够在一定程度上解决英语 wh-词在机器翻译中的汉译问题。

笔者近期对英汉存在句的机器翻译进行了研究,结果显示,目前的机器翻译系统都能较好地处理结构较为简单的存现句,如:

(14)原文:房间里有个人。

译文:There is a man in the room.

(15)原文:房间里有三个学生。

译文:There are three students in the room.

然而,如果将存在句变得稍微复杂,这些翻译系统就会显得力不从心。以下是谷歌翻译系统下的几例译文:

(16)原文:桌子上有一本令人喜欢的书。

译文:* There is on the table like a book.

(17)原文:? 在桌子上有一本令人喜欢的书。

译文:? On the table there is a likeable book.

(18)原文:* 有一本令人喜欢的书桌子上。

译文:? There is a very favorite book on the table.

(19)原文:有一本令人喜欢的书在桌子上。

译文:? There is a very favorite book on the table.

研究显示,虽然(16)原文与(18)原文相比其接受度较高,但其英译结果并不对称。相反,虽然(18)原文不合语法而(19)合法,但二者的英译效果完全相同。上述差异反映出目前的机器翻译系统在汉语原文的合法度判断方面表现得不够敏感。

此外，目前机器翻译系统对简单的汉语疑问句翻译较好，如：

(20)原文：你认识他吗？

　　译文：Did you know him?

但如果对(20)进行稍加处理，其机器翻译系统就会出现问题，如：

(21)原文：他们了解这些人吗？

　　有道译文：They know these men?

　　百度译文：They know these people?

　　谷歌译文：They know these people?

　　正确译文：Do they know these people?

上述研究显示，机器翻译在处理含有句末疑问小词的结构时表现得不够敏感。如能在生成语法理论框架下将含有的句末疑问小词"吗"、"呢"等视为与英语"do"对应的功能疑问词，就会提高汉英疑问句的机器翻译质量。

14.8　机器翻译问题的解决方案

综上所述，我们提出以下解决方案。

14.8.1　加强语言学理论问题的研究和指导

目前机器翻译系统存在的质量问题都与相应的语言学理论问题有关，如能加强对语言学理论的研究，尤其是借鉴于生成语言学对标句词的研究成果，那么对含有标句词的从句译文就会有很大的改观。

从英汉两种语言的表层结构来看，两种语言的是非疑问句似乎具有相似的结构，其中英语是非疑问句借助于句首的 Do-插入加以实现(22)，汉语是非问句则是在句末插入疑问小词"吗"(23)。

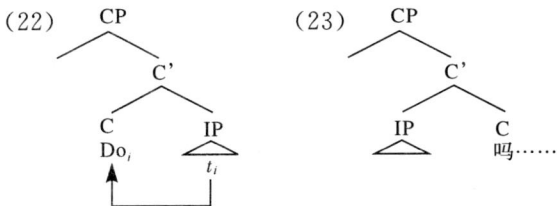

(22) CP / C' / C IP / Do$_i$ / t_i

(23) CP / C' / IP C / 吗……

但是，如若进入其两种疑问句的深层结构，则会发现其句法状况差异迥然。其中，英语疑问句是借助于助动词 DO 的插入协助完成，席间 DO 经历了功能提升(见 24)。

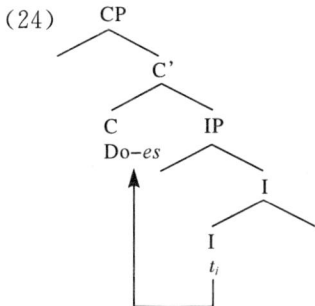

(24) CP / C' / C IP / Do-es / I / I / t_i

而汉语的疑问句则是借助于句末小词的插入直接实现，席间既无需屈折功能项的形式表征，也无需考虑各语素间的一致(Agree)关系。

因此，在进行人机对话时若能借鉴于相关理论问题的研究成果，就能为特殊语言中的特殊句式的机器翻译提高理论指导，从而提高译文的质量。

14.8.2 机译与人译的结合

虽然语言学专家经过长期的研究和努力创建了含有成千上万条的语料规则库，覆盖了相当范围的语言现象，但是，由于语言的复杂性极其特殊性，使得所创建的规则库无论多么庞大，都不可能涵盖所有的语言现象。有鉴于此，机器翻译仍需人工参与与调整，即在机器翻译基础上加入一定的人工参与完成整个翻译过程。这样的译文既减轻了全人工翻译的工作量，同时又克服了机器翻译尚不能避免的问题，从而得到时间与质量的双重保障。

14.8.3 加强对非规则语言的研究

传统的机器翻译是符号处理(symbolic)系统。它偏重于语言能力(language competence)而非语言行为(language performance)。因而很难应付一些非规则语言现象，如错误的起始(false start)或不合语法的语句，等等。从已推出的实用化机器翻译系统的译文看，对于常规的句子，译文一般不会有太大问题。但对一些稍长的句子或结构较复杂的句子，译文质量就不能令人满意，有时简直是不可卒读(冯志伟，1999)。计算机会拒绝"动词(v.)＋名词(n.)＋动词(v.)"或"动词(v.)＋动词(v.)＋名词(n.)"这一解释，因为它和英语句子的句法不相容。但在可能接受的句法模型范围内(如"名词(n.)＋动词(v.)＋副词(adv.)"，"动词(v.)＋名词(n.)＋副词(adv.)"，"名词(n.)＋动词(v.)＋名词(n.)"，"修饰语＋名词(n.)＋动词(v.)"等)，计算机就能够选择了。

一些非规则性语言如果通过人工翻译，译者可以从语篇知识、历史背景、文化差异甚至非语言因素(如身势语)中得到准确的翻译。但是，由于语言与机器的矛盾，机器翻译很难达到这个标准。有鉴于此，机器翻译尚需更多的语言学研究者的参与，在进一步深入研究规则语言的同时，加强对非规则语言的研究。

14.8.4 增加语用因素参数

机器翻译计划中所用的模式通常是以成分结构语法的某一形式——"预示分析法"(predictive analysis)、"从属关系语法"

(dependency grammar)、"投射语法"(projective grammar)或"后进先出存储语法"(pushdown store grammar)等为基础的。但这些语法原则上是不适用于自然语言的。自然语言有时会产生歧义,如:"I saw a girl with a telescope at the table.",对于"at the table"所限定的先行词就会产生歧义。虽然语言使用者在使用该语言时并未考虑到它会产生歧义,但在计算机翻译中,这种歧义随时都有可能产生。利用人工翻译,可以根据原著及其作者的各种信息对译文的歧义进行分析、判断,直到排除歧义,但是,机器翻译却难以顾及这么多因素。就目前的技术看,歧义仍是机器翻译的一大难题。

对歧义的排除主要是依靠语用因素来进行的。因此机译设计中也应该考虑到以语用因素做参数。虽然对语用类型划分的可行性有多高目前还很难判断,但朝这个方向做出的任何努力都不会白费。

14.8.5 扩大对不同语体的语言规律的研究

从目前看,多数成功的机器翻译是比较程式化的文字,如天气预报等。而用机器翻译文学作品则比较困难,用机器翻译诗歌等文学语言更为困难。因为"完整地译出一首诗就是创作另一首诗"(马修斯,引自 Wilss,1989)。"……按定义,诗是不可译的,只能进行创造性的换位"(雅可布森,引自 Wilss,1989)。

传统的机器翻译需要大量的人力和专业知识用于设计中间语言和编写语法,而这个过程又是枯燥乏味的。更大的问题是,设计出来的中间语言和语法往往只适用于一个特定领域。一旦更换了机器翻译的问题领域,整个设计过程又得从头再来。

计算机只能凭借其有限的内部规则——大量的文字、句子进行迅速处理,而缺乏对自然语言的语义、语境的理解,因此,译文总会有这样或那样的偏差,机器翻译之后人的后续工作仍然很大(陈光火,1999)。此外,对一些复杂句子的分析依然很困难,往往遭到失败,不过,正是由于这种相对的失败起了很大作用,促使翻译学认清了自身的发展方向。

笔者认为,为扩大机译工作范围,研究者应该适当扩大对不同语体的语言规律的研究。语言虽然灵活多变,但并不是一盘散沙,每种语体都有自己的内在规律,等待着我们去发现。一旦我们发现了各种语体的特有语言规律,扩大机译的可译范围这一难题就迎刃而解了。

14.9　结　语

机器翻译的目标是通过计算机实现不同自然语言的自动翻译,以解决人类社会的语言障碍。然而,由于语言与机器的矛盾,想要用计算机把丰富多彩的语言描写得淋漓尽致、惟妙惟肖尚待时日。难怪有人指出:用程序法重新组织表层话语结构,推出尽善尽美的译文,使翻译程序达到标准化,是一种乌托邦式的空想。人类对自然语言的认识是无尽的,对机器翻译的研究也是无尽的。但不管怎么说,机器翻译的质量将会越来越好,越来越成熟。以机器翻译为核心的语言信息处理产业,将是 21 世纪最有生气的先导产业,而高性能机器翻译无疑又是这一先导产业之中最为重要的高尖科技领域(章国英,1995)。因此,我们要满怀信心,迎接挑战。

机器翻译的发展也将对英语教学和研究产生深刻的影响。首先,机器翻译的发展将促进语言学科和 IT 学科的融合。如上所述,机器翻译的很多问题都不是单纯靠 IT 学科所能解决的,它需要语言学,特别是对比语言学的强力参与,这将为外语教学和研究提出许多崭新的课题,带来许多挑战和机遇。其次,随着机器翻译质量的提高和电脑的普及,与机器翻译相关的课程,如"机译原理","机译应用"等将成为外语专业学生的必修课程。21 世纪的合格译员,必然是既能熟练掌握口笔译技能,又能熟练操作、应用机译软件的新型人才。第三,机器翻译的深入发展将给外语学科中许多门类的教学与研究产生推动作用。机译需要建立庞大的语料库,这将推动词汇学、词典学的发展,同时也为这些门类的教学研究提供丰富的素材。机译需要研究双语的结构异同,这将促进对比语言学在更深、更精的层次上发展。此外,语法学、文体学、术语学和普通翻译理论本身都会在解决机译问题中面临挑战、发挥作用,并借此得到自身的发展和飞跃。

参考文献

1. Wilss W. 翻译学问题和方法. 北京:中国对外翻译出版公司,1989.

2. 陈光火. 翻译软件渴望"成熟". 中国翻译,1999(1):42—44.

3. 冯志伟. 机器翻译——从梦想到现实. 中国翻译,1999(4):37—40.

4. 冯志伟. 机器翻译——从梦想到现实. 中国翻译,1999(5):52—55.

5. 冯志伟. 计算语言学基础. 北京:商务印书馆,2008.

6. 罗选民,谭外元,唐旭日. Matrix 英汉翻译系统的分析及建议. 中国科技翻译,1999(4):17—21.

7. 章国英. 计算机辅助外语教学. 上海:上海外语教育出版社,1995.

8. 吴会芹. 机器翻译的回顾与展望. 外语电化教学,2003(6):51—54.

记忆篇

人类大脑好比一个信息储存器,外部信息通过一系列的心理结构进行编码之后就会在大脑中储存起来,以备需要时提取使用。记忆分为短时记忆、普通记忆和长时记忆。如何在学习中保持记忆的持久性,是记忆心理学研究的内容,也是语言学习者非常关心的问题之一。

　　本篇首先介绍了记忆心理学中影响较大的几个理论,然后借鉴于以往的研究成果,结合笔者多年的教学实践经历,总结了一系列帮助学习者优化记忆的学习方法。研究显示,利用高频字母组合、词的象形、词的切块以及近义词的类比等方法,就能高效提高记忆。本篇的研究思路新颖,视角独特,既有来自语言学、生物学、心理学及脑科学方面的理论依据,也有多年的实践教学经验。本篇是理论研究与教学实践的语言教学与研究成果之一。

第 15 章　语言研究的哲学视角：
语言符号的任意性与理据性

费尔南·德·索绪尔被广泛誉为现代语言学之父。早在 20 世纪初期，他曾在日内瓦大学继任普通语言学主讲教授，并于 1906—1907 年、1908—1909 年、1910—1911 年三度讲授普通语言学课程。索绪尔去世后，他的学生同学们的笔记和他的手稿及其他材料编辑整理并出版了《普通语言学教程》(以下简称《教程》)。他的语言学思想不仅对整个 20 世纪语言研究产生重大影响，而且对多门人文科学如哲学、人类学、历史学、文化学、心理学、逻辑学、美学等都产生了深远的影响。"没有哪一本语言学著作比《教程》更具影响力和再生力"(张绍杰，2004:1)。由于它的广泛影响，围绕索绪尔本人及其哲学思想理论的研究长期以来，尤其是 20 世纪 60 年代以来，始终是学术领域中经久不衰的热烈话题。其中最炙手可热的、最富有争议的热门话题当属他的《教程》中提出的语言符号任意性原则(Wright，1976；Harris，1987；Tayor，1990；Silverman，1983)。语言符号任意性原则之所以具有如此大的争议及学术魅力，是因为它"不但是认识语言根本属性的基本问题，也是我们全面把握和理解索绪尔语言学思想的出发点"(张绍杰，2004:2)。因此，尽管对于语言符号任意性研究已持续了近半个世纪，人们对它的兴趣仍然有增无减。尤其是 20 世纪 80 年代后，无论是国内还是国外，有关索绪尔研究的论著不断问世，如戈戴(Gadet)的《索绪尔与现代文化》(1986)，哈里斯(Harris)

的《读索绪尔》(1987)，霍尔德柯劳弗特(Holdcroft)的《索绪尔：符号、系统、任意性》(1991)，蒂保尔特(Thibault)的《重读索绪尔》(1997)，以及张绍杰的《语言符号任意性研究——索绪尔语言哲学思想探索》(2004)。然而，学界对索绪尔的任意性理解有很大出入。那么，索绪尔又是如何阐释他的任意性概念的呢？任意性与理据性在语言符号学中的关系到底如何？了解语言符号的理据性与任意性对于语言学习及语言符号的生成与衍生具有理论指导意义。本章将对此进行深入探讨，以求索氏理论研究一方学术之沃土，与广大学者共勉。

15.1　语言符号的任意性与理据性

自索绪尔提出语言符号任意性原则以来，在语言学界引发了长达半个多世纪的语言符号任意性与理据性的争论。撇开索氏的本意，就人们对语言符号的基本属性而言，即语言符号究竟是任意的还是有理据的，长期以来专家学者众说纷纭，归纳起来主要集中在以下三点：

15.1.1　任意性与理据性对立说

20世纪60年代初期，更多的人倾向于"语言符号是任意的而非有理据的"之说。他们认为，索绪尔的理论核心在于"能指与所指之间的联系是任意的"(Saussure, 2001:67)。形式主义者也通常站在索绪尔的一边，其代表人物布龙菲尔德(Bloomfield, 1933:145,162)认为，"语言形式及其意义之间的联系完全是任意的"，他通过阐述不同语言中的语词可以指称相同的事物，说明语言符号的任意性，这是因为，每一指称信号和语言单位之间的结合都被任意地赋予了某些现实世界的特征。语言符号任意性理论受到卡勒、巴特、莱昂斯等诸多学者的支持，在语言学界风靡一时。但是，当越来越多的语料证据一遍又一遍地佐证了语言符号是有理据的时候,部分学者开始否定语言符号的任意性,相信语言符号的理据性,或者认为语言符号的理据性大于任意性。本维尼斯特(Benveniste,1939:45)曾提出了语言符号必然性原则,他指出,"能指和所指之间的联系不是任意的,反之,这种联系是必然的。"功能主义者往往不赞同索绪尔的任意性之观点。功能主义的代表人物韩礼德(Halliday,1985)解释说:"语言的进化满足了人类的需要,就这些需要而言,语言的组织方式是功能的——不是任意的。"这一时期,索绪尔和索绪尔思想受到的批评和批判多于肯定和褒扬。

15.1.2　任意性与理据性分类说

语言符号任意性和理据性之争长期以来始终困扰着语言学界。实际上,索绪尔的任意性原则并非像人们想象得非此即彼那么简单,它揭示了一条看似简单但又极其深刻的道理。从这一意义上讲,无论认为语言符号是任意的还是有理据的,都不足以说明语言符号的属性特征。由此,人们开始从新的视角解释语言符号的任意性和理据性。

20世纪90年代,李葆嘉(1994)对索绪尔的语言符号任意性原则提出质疑,认为,语言符号系统同客观的物理世界(包括精神世界、心理世界)之间的关系并非绝对任意的,从而把语言符号的任意性和理据性研究引向一个复合展开的层面,即语言符号既有任意性,也有理据性。一方面,越来越多的证据表明,无论从语音、形态还是语义方面,语言符号的理据性都能从中找到依据;另一方面,人们也发现,有些语言符号的生成确实很难找到其理据。据此,有些人开始把语言符号分为两大类:一种是有理据的,一种是任意的。

15.1.3　任意性与理据性层面说

15.1.3.1　认知层面

我们认为，人们之所以认为有些语法符号不具有理据性，是因为当词义经过历史的岁月发生无限演化后，其原始理据已与现有符号的意义发生断裂，从而很难将符号与意义串联起来。也就是说，由于语言符号理据的部分丧失，使得语言符号的使用者认为语言符号是任意的。然而，语言符号所体现出来的任意性和理据性关系则并非如此。认知学理论认为，人的认知行为的发生是以知识为基础的，新词语以其语言音素（语素、词缀等）以及人的认知能力和概括的规律为基础进行发展、扩大和创造。从认知层面讲，对不懂特定语言的人群来说，该语言的符号表征似乎完全是任意的，而对于深入了解该语言历史与文化的人群来说，其符号的生成则是有理据的。这就好比一个外语学习者在初始阶段的语言习得是任意的，但随着他对语言经验的掌握与积累，他后来习得的语言就不是任意的了，而是建立在有理据的基础之上。这一解释吻合了结构主义符号学家列维-施特劳斯（Levi-Strauss）对任意性的解释，即从先于经验（a priori）的角度看，符号是任意的，而从后于经验（a posteriori）的角度看，符号是非任意的，因而是有理据的。

15.1.3.2　上、下义层面

人类的认知是对语言符号进行范畴化整合的过程。在一个多层的符号范畴，其上义层面的语言符号是有理据的，或者说理据性体现在语言系统特定的纵向层面之上。而处于横向层面的下义符号则体现着任意性，换句话说，每一个理据层面都会有多个任意的符号。

让我们举一个例子。假如问一位母亲，为什么给孩子取这个名字而不取别的时，有时她能准确地给出理由来，比如因为这个名字表

达了良好的祝愿,为了纪念一次事件,或是象征某个有意义的事件。但有的妈妈却很难给出确切的理由。然而,这并不能由此否认其名称的由来:因为这个名字的由来也许是效仿他人的结果,也许,这个名字本身的发音很好听,很时尚。再比如,有些公司不惜重金为产品征集一个语音与语义都十分巧妙地组合在一起的名称,因为只有这样,该产品才会听起来更完美、更自然。然而,这些所谓的原因实际上正是这些名字赖以生存的理据,即促成语言符号产生、变化和发展的动因(王艾录,司富珍,2002:1)。

我们再回到给小孩起名这个问题上。母亲为孩子取名时并非只是漫不经心地为小孩贴上一个名称的标签。任何符号的由来既是"事物在心灵中造成的图像的反映",也是人类"在发明词语的某个特定时刻对一个事物所作的理解"。可见任何语词的创造都必然地记录了上述的"图像"和"理解"。新起名字所传达的良好祝愿,所代表的纪念意义和象征意义,都体现着它的理据性。无论取什么名(任意性),只要满足父母寄予的美好愿望,其理据性也就成立了。由此可见,有些父母给不出取名的原因(理据),但这并不能因此而否定其理据的存在。如前所述,一些公司在为产品命名及策划广告时不惜重金搜集产品名称和广告用语(任意性),使产品听起来完美自然,其理据性在于为了迎合消费者的心理,从而最大范围地占领商品的市场份额。正如世界上不存在无源之水、无本之木一样,说音义或符号的结合毫无理据是不可思议的,但说世间万物的生长都是沿着特定的轨迹完成的,这样的世界就会缺少了神秘。由此,语言符号与其蕴含的意义内容之间的关系不是不存在联系,而是存在什么联系。该联系既有任意性,又有理据性。它们相佐相承,体现了语言符号的两面性。

任意性和理据性属于语言符号的两个不同属性。一方面,语言符号本身既有任意性的一面,同时又具有理据性的一面;另一方面,语言符号的任意性和理据性可置于不同的层面,说明语言符号的任意性只限定于特定的层面,并且受一定条件(理据)制约,如年龄、性别和教育背景等。

15.2 索绪尔的语言符号任意性思想新阐释

从上述争论中不难看出,人们对索绪尔的语言符号任意性原则的理解也大相径庭。张运秋,薛丽华(2001)认为,索氏的任意性指的是孤立地看待单个的语言符号,其"能指和所指的联系是任意的";马壮寰(2002)指出,索绪尔在着重讨论语言符号任意性的时候并没有忽略非任意性,而所谓的"非任意性"正是我们所谈的"可论证性"即"理据性"。那么,这位不朽的语言大师所提出的语言符号任意性原则究竟蕴含着什么样的哲学思想? 语言符号的任意性是否如人们所理解的"随心所欲"?

15.2.1 "符号"与"意义"

重读《教程》,我们发现索绪尔的语言符号任意性始于"tree"和"arbor"两个符号的所指"树"。索绪尔的"任意"说实际上是指符号与意义之间的联系(the link)是任意的(arbitrary)(Saussure,2001: 67)。我们既可以将"tree"赋予"树"的意义,也可以将另一个符号"arbre"号赋予"树"的意义,说明语言符号与其意义间的联系是任意性。索绪尔还引用了英语中的"sister"和法语词"sœur",说明二者之间并无内在联系;这个意义在不同的语言中有不同的表达方式,并且在不同的语言中也都有一个方式表达这个意义。我们注意到,索绪尔在此对任意性的解释具有鲜明的跨语言特征,即每一个意义都能从不同的语言中找到不同的符号表征。这就好比在一个社会中,不同的家庭都是由父母、子女构成的,其相应的语言符号也是"父母"、"子女"等,但每个家庭中的父母及子女都有任意的命名符号,从而体现着语言符号的个体差异。每一个特定的语言符号体系都有特定的语言符号表达特定事与物,尽管形式千差万别,但所要传递的意义则是无国界的。这就是理据性。

其次,虽然索绪尔在《教程》的第一章里提出了语言符号任意性原则,但他同时指出:"'任意的'这个词还需要进一步解释。他不能被理解为讲话者可以随心所欲地选择语言符号"(Saussure,2001:68),因为"一个符号一旦在特定的语言群体中确立下来,其个体是不能对它有任何改变的"(Saussure,2001:68)。这一解释为语言符号的任意性设定了基本的原则框架,而这又恰恰说明语言符号的任意性是相对的,是有条件规约的,是在一定的条件范围或社会群体之内发生的,或者说在特定的共时空间内,这些符号是具有一定的灵活度(任意性),但绝对不是任人添加、删减、组合、取舍的随心所欲。无论其任意性的范围多大,它的轴心始终是语言符号的理据性。

索绪尔在对语言符号任意性原则进行总结时提出,有两种情况可能背离任意性原则,一种是拟声词,一种是感叹词。他指出:拟声词不仅是少量的,使用拟声词时也有一定程度的随意性(Saussure,2001:69)。但他紧接着又指出:拟声词一旦成为语言的一部分,即会同其他单词一样不得不接受语音和形态的改良(Saussure,2001:69)。这一"不得不接受……的改良"不正是语言符号在"任意"修炼过程中所应遵循的"理据性"吗? 可见,符号与意义之间既是任意的,也是有理据的。任意必须建立在有理据的基础之上。

15.2.2 "不变性"与"可变性"

索绪尔的语言符号任意性思想辩证而统一。他在对符号的不变性和可变性进行论证时指出:"能指对它所表达的概念来说,看来是自由选择的,相反,对使用它的语言社会来说,却是不自由的,而是强制的"(Saussure,2001:71)。这种强制性即是理据性。即表达概念的语言符号在特定的社会是不能随意选择的，而是要接受这一群体的强制限制，即语言符号的任意性始终受到强制性（理据性）的制约。索绪尔认为，语言是一种遗产，"是一种已经构成的语言的正常的、有规律的生命……正是这些因素可以解释符号为什么是不变的，也就是说它为什么从来不可能是任意的改变"（Saussure,2001:72）。"一方面，语言处在社会之中，同时又处在时间之中，谁也不能对它做特别的改变；另一方面，语言符号的任意性在理论上又能使人在语音和观念的关系之间掌握一定的自由。这样，符号中两个紧密相连的要素成分就会在极大程度上保持各自的独立"（Saussure,2001:76）。索绪尔谈到的"强制性制约"、"不变的"等都是理据性的代名词，而"自由"则是任意性的代名词。索绪尔在此明白无误地表述了语言符号既是任意的也是有理据的思想，它们互相作用，互相制约，才使语言符号在不断丰富和发展中保持着顽强的生命力。

15.2.3　共时与历时

在对语言符号进行共时和历时分类研究时，索绪尔使用了两条轴线，"同时轴线（AB）涉及同时存在的事物间的关系，一切时间的干预都要从这里排出去；而在连续轴线（CD）上，人们一次只能考虑一种事物，但我们也发现第一条轴线上的所有事件都随着它们经历的种种变化存在于这条轴线上"（Saussure,2001:80）（如图 15-1 所示）。在此，索绪尔实际上一语道破了世间万象由量变到质变的发展规律，即在一个充满变化和发展的路程上，任意量的变化预示了理据的质的飞跃这一最终结果。量的变化具有很大的任意性，但是量变无论怎么任意，都要自始至终围绕理据的轴心进行。这就是为什么语言在承袭历史的同时也无时不在开创自己的未来。语言符号就是这样总是在任意中发展，受理据的制约，从而演绎着一部社会文化载体从无到有、从简单到复杂、从贫乏到丰富的不朽篇章。

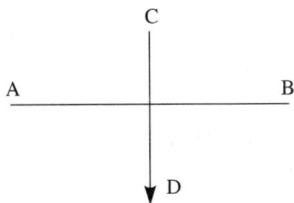

图 15-1　语言符号的共时与历时轴线

可见,索氏的"任意性"并非人们理解的"随心所欲"。

实际上,作为现代语言学的鼻祖,索绪尔在提出语言符号任意性原则的时候,它的语言理论所孕育的哲学思想极其丰富、深奥,所推之理虽说难近完美,但绝不像有些人所理解的那样不堪一击。他的思想经过了合乎逻辑的分类、梳理和归纳,具有高度的严密性和辨证的统一性。虽然他提出了语言符号任意性原则,但却以绝对任意性和相对任意性之术语对语言系统机制的理据性进行规约。他说:"有些符号是绝对任意的;而在另一些符号中,我们注意到任意性虽然不是完全不存在,但却存在程度的差别:符号可能是相对有理据的。"(Saussure,2001:130)一方面,语言系统为能指和所指内部关系的自由组织提供先决条件,另一方面,系统对任意性施加限制,表现在它规定了能指和所指内部关系组织的方式。任何自然语言都自始至终受到任意性和理据性的双向支配,舍去任何一面,语言都将偏离自然发展的轨迹。试图以不同的称呼或名称指称同一事物或事件为依据,表征语言符号的任意性当然无可厚非,但如果以此来推断语言符号的无理据性则有点顾此失彼。

英语和法语中之所以用"tree"和"arbre"而不是其他语词指称"树",说明语言符号的任意性是相对的,其相对性在于在特定语言中其能指只能是"tree"或"arbre"而不是任意语词。当然,在同一种语言中也可能有其他语词指称"树",但其命名绝非完全任意的。"任意性无时不受理据性的强大制约,任意性的有效性只能在理据性所规定的范围内发生,离开了这一理据制约,任意性将变得毫无价值"(王艾录,司富珍,2001)。正如张绍杰所言:"语言系统中任意性作为一条非理性原则同规定性的理性原则相互并存,彼此相互作用使语言保持平衡地运行和发展,以发挥其交际功能的作用"(2004)。正是索绪尔辩证而又统一、深奥而又简约的方法论,使得他的语言哲学思想才能在看似矛盾中迸发出耀眼的火花,在相互对立中展现出无穷的魅力。

15.3 余 论

语言的发展恰似一个轴,轴心就是理据,而围绕轴心转动的正是任意的语言符号,它们既有自己任意变化的独立空间,又始终围绕着理据的轴心变化和发展。任意的语言符号又恰似放飞的风筝,它可以在广阔的天空中任意舞动、尽情地张扬个性、彰显魅力,但却始终摆脱不了牵在主人手中的丝线,即理据的制约。"任意性是一个贯穿始终的变量,它支持着语言的选择性、多样性和不合理性;理据性是一个普遍潜在的动因,它支持着语言的有序性、可证性和合理性。二者在互动之中形成协同支配语言的两条同等重要的自组织原则"(王艾录,司富珍,2001)。

参考文献

1. Benveniste, E. 1939. The nature of the linguistic sign. In Benveniste, E. (ed.) 1971, Problems in General Linguistics. Coral Gables: University of Miami Press.

2. Bloomfield, L. 1933. Language. Chicago: University of Chicago Press.

3. Culler J. 1976. Ferdinand de Saussure, Baltimore: Penguin.

4. Halliday，M. A. K. 1985. An Introduction to Functional Grammar. London：Edward Arnold.

5. Harris，R. 1987. Reading Saussure. London：Duckworth.

6. Proceedings of the International Conference on the History of the Language Science(4)1：79-88.

7. Saussure F. D. 2001. Course in General Linguistics. Beijing：Foreign Language Teaching and Research Press & Gerald Duckworth & Co. Ltd.

8. Silverman，K. 1983. The Subject of Semiotics. Oxford：Oxford University Press.

9. Taylor，T. J. 1990. Free will versus arbitrariness in the history of the linguistic sign. In Silverman，K. 1983. The Subject of Semiotics. Oxford：Oxford University Press.

10. Wright，E. 1976. Arbitrariness and motivation：a new theory. Foundations of Language (14)：505-523.

11. 索绪尔.普通语言学教程.北京：商务印书馆,2004.

12. 王德春.论语言单位的任意性和理据性——兼评王寅《论语言符号象似性》.外国语,2001(1)：74—77.

13. 魏育邻.如何理解索绪尔的任意性.解放军外国语学院学报,2005(1)：24—28.

14. 许国璋.语言符号的任意性问题——语言哲学探索之一.外语教学与研究,1988(3)：2—10.

15. 杨信彰.评索绪尔的语言符号任意观.外国语,1994(6)：3—8.

16. 张良林.语言任意性理解的偏弊举隅.黄冈师范学院学报,2005(2)：54—56.

17. 张绍杰.语言符号任意性研究——索绪尔语言哲学思想探索.上海：上海外语教育出版社,2004.

18. 张运秋,薛丽华.语言符号的任意性和非任意性.学术交流,2001(3),114—117.

19. 赵蓉晖.索绪尔研究在中国.载于：赵蓉晖.索绪尔研究在中国.北京：商务印书馆,2005.

第16章　语言研究的哲学视角：
语言理据

　　20世纪60年代以来,正当越来越多的人在对索绪尔(Saussure,1959)的语言符号任意性原则进行无休止地争论之时,另有些语言学家却悄然转向了任意性原则的另一个层面,即语言理据的研究。英国语言学家 Ulman 是最早对语言理据展开详细讨论的人。他(Ulmann,1962:84-92)在《语义学》一书中将词的理据分为三大类别,即语音理据、形态理据和语义理据,并把拟声理据称作"绝对理据"(absolute motivation),把形态理据和语义理据称作"相对理据"(relative motivation),从而拉开了理据研究的序幕。严辰松(2000:1—6)将理据分为内部理据和外部理据两大类别,从而将理据研究的范围从对语言自身(语法、形式、语义)的研究扩展到语言符号外部世界。然而,尽管学术界曾对理据进行过多种分类,但其分类法仍显偏颇,要么是以偏概全,要么是内容交叉,其原因之一是对理据的概念及其特征理解不一。虽然理据的相关定义已有多个版本,但从现有的文献中仍然可以发现,人们对理据的理解仍莫衷一是,以至于长期以来,对于什么是理据,理据到底具有什么特征仍缺乏详细描述。事实上,理据研究已渗透到人文乃至自然学科的各个领域。新的学术环境迫使我们对理据的概念进行重新认识,对其研究范围进行重新分类。本章将围绕上述问题进行探讨。

16.1 理据的分类

    如上所述,Ulmann（1962：84-92，205-206）将语言符号的理据分为语音理据（phonetic motivation）、形态理据（morphological motivation)和语义理据(semantic motivation)三大类别。其分类依据是依照语言自身的特征。从语音、形态、语义三方面划分语言符号的理据类别,是对语言符号内部机制的探讨。这一划分方法与Chomsky 的内在语言(Internal-language,简称 I-language)一样都是对语言符号内部特征的研究。Chomsky 起初虽然对外在语言(External language,简称 E-language)不屑一顾,并认为"E-language 如果存在的话,也是派生的……而且没有特别的实用价值,或者根本没有任何价值"(Chomsky,1991:10)。然而,对语言学研究范围的界定长期以来分歧很大。语言习得理论将对外部互动和交际功能的研究与对语言内部原理的探讨划分开来;计算机语言学将语言文本分析与语言程序编制区分开来……一个不争的事实是,语言的产生、发展和变化始终与外部世界有着千丝万缕的联系。Chomsky 在他后来的著作中认可了语言使用的有目的性。他还介绍了一个概念"语用能力"(pragmatic competence),即语言是如何与它的语境相联系的(Chomsky，1980:225)。我们认为,对语言符号的研究毕竟离不开对语言外部因素的研究。外部世界的发展,社会现象的存在,科学技术的突飞猛进,已经构成了语言符号产生的外部动因。

    可喜的是,有些人士已将理据问题的研究拓展到语言符号的外部世界。严辰松(2000:1—6)将理据定义为"辨识或诠释语言符号意义的依据",并将语言的理据分为外部理据和内部理据,从而将理据研究的范围从对语言自身(包括语法、形式、语义)的研究扩展到语言符号外部世界。但严辰松却把拟声、拟象（拟形）等理据归入外部理据，其依据是拟声词所拟之声来自语言的外部世界，拟象亦即如此。如图 16-1 所示。

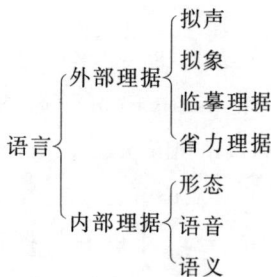

图 16-1　严辰松的分类

　　我们认为，尽管拟声词、拟象词与外部自然世界有直接联系，但语音、形态和语义是语言符号体系中不可分割的三大组成部分，归类为内部理据比较符合情理。其次，语音理据与拟声理据，形态理据与拟象理据分别具有包含与被包含之关系，其研究范围存在交叉现象，而临摹理据又涵盖拟声和拟象理据，体现的是语言符号的象似性。因此，这个意义上的理据分类是个复杂而庞大的结构分类，仅从这个意义上讲，将理据简单地分为内部理据和外部理据似乎还不足以涵盖语言符号理据研究的全部内容。

　　既然理据是辨识或诠释语言符号意义的依据，并且反映能指与所指（形式与意义）之间的各种联系，那么，理据的研究便可以延伸至各个学科领域。随着语言学研究的深入发展，尤其是认知语言学的发展，近年来语言的理据研究越来越向多角度多层次多方位的方向发展了。有人把涉及某学科理论的理据研究称为特定学科的理据研究，如认知理据、逻辑理据、生物理据、社会理据、政治理据研究等。这些研究成果凸显跨学科研究之特点，各学科内容相互交融，相互佐证，相为理据，为语言理据研究开辟了更为广阔的研究视角。

　　据此，笔者将语言理据重新分类为内部理据和外部理据两大板块,内部理据包括语音理据、形态理据和语义理据,而外部理据则是一个开放性的范围,它可以从语言外部各个角度加以阐释,如图 16-2所示。

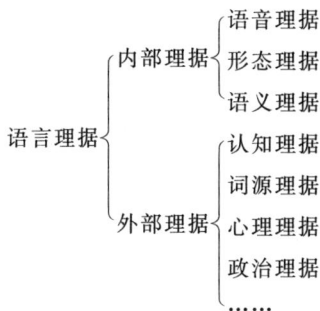

$$
语言理据\begin{cases}内部理据\begin{cases}语音理据\\形态理据\\语义理据\end{cases}\\外部理据\begin{cases}认知理据\\词源理据\\心理理据\\政治理据\\……\end{cases}\end{cases}
$$

图 16-2　笔者的分类

16.2　理据的特征

16.2.1　线性特征

如上所述,理据既可以从语言符号的外部环境来考证,也可以从其内部特征来探讨。语言符号既有深层理据,也有浅层理据,既有感性理据,也有理性理据。一般来说,感性意义上的理据具有线性特征,多指语言符号背后的故事,也就是说人们为什么把它约定为此而非彼的缘由,它是语言符号产生的渊源,是促成语言符号产生的直接动因。

如 Watergate 一词,原本是华盛顿泼多马克河边公寓和办公区域,现在常被用来指一桩政治丑闻。该词的理据源于 1972 年美国总统选举期间以尼克松总统为首的一桩政治丑闻。当时共和党为了在选举中占据主动,在民主党位于水门的总部秘密安装了窃听器。事情的败露导致白宫一些高级官员辞职并被起诉，迫使尼克松总统在遭受弹劾的压力下辞职。水门事件作为一桩政治丑闻曾轰动一时，从此，Watergate 就成了政治丑闻的代名词。这是理据性概念的感性理据或浅层理据。

浅层意义上的理据性可以诱发语言符号聚合群的产生，并以相似的构词形式促发新的语言符号的生成，形成一系列具有家族性、亲属性、相似性特征的同类聚合群。它们如同一股新鲜血液注入特定语言符号系统，促使该语言符号系统不断扩大、不断丰富、不断发展。

Watergate 的意义是表示政治丑闻，但因为该词是由 water ＋ gate 组合而成，所以水门事件后，gate 逐渐演化为词后缀，由于水门事件的影响以-gate 为后缀表示"丑闻"的词开始滋生繁衍，日益增多。如英国一家石油公司把石油偷卖给南非种族主义者，此事一经披露被斥为 oilgate。美国密歇根州一家化学公司把一种剧毒化学品掺入另一种饲料添加剂中，造成牲畜家禽中毒，这一事件曾引起一时轰动，后被形象地指责为 cattlegate。美国前总统卡特的弟弟比利·卡特曾被怀疑涉嫌收受利比亚政府的贿款，该丑闻一经曝光便被冠之以 Billygate 的"雅号"。1983 年美国出版了《时代》杂志记者劳伦斯·巴雷特著的《同历史赌博》一书，书中揭露，在 1980 年 10 月 28 日传说卡特与里根进行最后一次争夺总统职位的竞选辩论之前，里根竞选班子的高级助手获得了卡特预先准备好的有关如何与里根辩论的小册子，从而使里根在辩论中占了上风。此事在美国政坛引起了轩然大波，舆论界又把这一事件称为 debategate。1986 年奥利佛·诺斯(Oliver North)和美国其他政府官员的一项秘密策划，即给伊朗提供武器，并以获取的利润为尼加拉瓜右翼反政府武装人员提供军事援助，该策划是在美国国会投票否决提供这一援助提议之后开始进行的。这一秘密被揭露后，舆论界把这一事件称为 Irangate。几年前美国前总统克林顿与白宫实习生莱温斯基的性丑闻事件曾在全球闹得沸沸扬扬,这位年轻的总统也因此差点遭到弹劾,这一丑闻被披露以后,又被称为 Zippergate……事实上,继水门事件之后,-gate已变成名副其实的词后缀,表示牵涉腐败和秘密交易的政治丑闻,具有较强的构词功能。

语言符号聚合群的产生验证了理据与内部形式的因果关系。水门事件作为一桩政治性丑闻,诱发了一系列相关语言符号的产生,水门事件是因,oilgate,cattlegate,Billygate,debategate,Zippergate 等是果。

浅层意义的语言符号理据具有概念上的线性连锁特征,即符号与符号之间具有环环相扣的因果关系,前者是因,后者是果,其中与其理据最接近的符号其理据性越强。如图 16-3 所示。

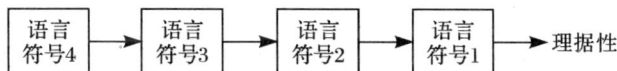

图 16-3 语言符号理据性的强弱示意图

当语言符号的理据促发新的语言符号产生时,每一个新的符号都有可能以同样的方式促成另一串语言符号的产生。这时,先前产生的语言符号便可作为新的语言符号串的临界理据。如图 16-4 所示。

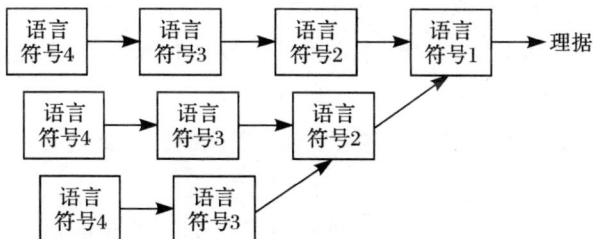

图 16-4 语言理据的因果关系图

语言符号的线性特征表现在某一符号与其理据的关系是表层的意义表征。

王艾录等(2002:31-32)将由因得果的语言符号理据称为真实理据,即先有故事(事实),后由这个故事产生出一个语词;将由果推因的理据称为假定理据,即由于人们不明白某语词的由来,便从语词出发去探索、推断或杜撰理据。二者都属于浅层意义的感性理据,因为它们具有"因果"或"果因"这一线性特征。

16.2.2 塔状性特征

如果说考证语言符号的浅层理据意味着探究语言符号产生的渊源,即挖掘语言符号背后的故事,那么,语言符号的另一含义则是理性层面的意义。如上所述,当一个语言符号浅层意义上的理据被挖掘出来后,这种同类意义、相似构词形式的语言符号便产生家族性、象似性的聚合群。从认知学角度讲,就是语言符号自身的范畴化过程。从心理学角度讲,就是人类对语言符号的模仿与复制过程。词语是以网络的形式存储在记忆中的,大脑对语言的记忆像一张由多线条编织的网络,需要时则会从大脑的信息网中提取出来。此时,能激活存储信息的线索越多,提取就越方便。从文体角度讲,就是人类对语言符号进行类推创造的过程。这一过程产生的含有多项或类似结构,或类似构词,或类似构形的语言符号群是一个具有语义(构词/构形)层次的聚合体,其中,上义语言符号是有理据的,或者说理据性体现在语言系统特定的纵向层面,而横向层面的下义符号则体现了符号的相对任意性,换句话说,每一个理据的层面都会有多个任意的符号。

由此可见,理性意义上的理据性是凌驾于特定的语言符号聚合群体之上的抽象意义,具有在同一平行层面促成多个语言符号生成之特点。我们把这种特征称为塔性特征,见图16-5。

理据

$$S1,\ S2,\ S3,\ S4,\ S5,\ \cdots,\ Sn$$

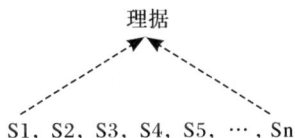

图 16-5　理据的塔性特征

这一层面上的语言符号既是有理据的,又具有相对的任意性。任意性表现在语言符号"S1,S2, S3, S4, S5,…,Sn"的量与形具有一定的灵活性和相对的开放性,这从一个层面印证了语言符号的能指和所指之间既有任意性的一面,又有理据性的一面。任意性和理据性属于两个不同的层面,它们既对立又统一,在相佐相承中共同支撑语言符号系统的平衡发展。

16.2.3　发散性特征

语言符号既是任意的也是有理据的,已是不争的事实。而对于二者应该进行哪一层面的研究,或者说语言系统的哪个层面任意性、理据性更强或较弱,这是学界有待研究的话题。有的学者从不同层面、不同视角对语言符号的理据性进行认知、心理、生理、生物、修辞、逻辑等方面的探索,有的学者则从语言内部如语法、构词、语音、语义等方面的阐释,也有的则从语言形成的外部世界顺藤摸瓜,追逐其形成、变化、发展的外部动因。如李子荣(2003:85—107)的《比喻构词的语言学理据》是从比喻的修辞角度对词汇进行构词方面的理据剖析。而肖建安,肖志钦的《变异修辞的逻辑理据》(2004:10—11)和《变异修辞的美学理据探究》(2004:25—27)则分别从逻辑学、美学角度对变异修辞即常规修辞的偏离形式进行促成和激发变异修辞生成、变化和发展的动因探讨。沈家煊(2004:103—116)以语言的共性为出发点,认为不同的语言系统尽管千差万别,各自具有与众不同的个性，但总有共性的存在，说明语言作为人类的特殊产物，它的认知过程也有共性，"这种共性不是任意的，可以找到生物学上的理据"（2004：105）。那么，这一生物理据即指从生物学角度对语言的共性进行阐释的理论依据。上述形式的理据具有发散性特征，见图 16-6。

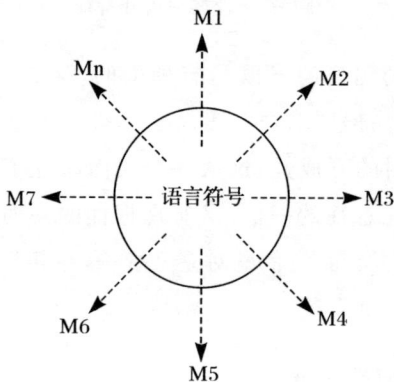

图 16-6　理据的发散特征

理据的发散性特征是指从不同的视角考证语言符号的理据，语言符号处在动态的发展变化状态，其动因不仅来自语言自身的语音、构词、语义等内部因素（内部理据），又因为语言是文化、社会、事件的载体，它不仅无时无刻充当着社会文化的记载者，而且也无不受到这些外围文化社会等环境的影响。因此，我们还可以从语言的外部寻找其理据。这就是为什么理据性具有发散性特征的原因。

16.3　结　语

综上所述，理据是"辨识或诠释语言符号意义的依据"，是促成"语言符号生成、变化和发展的根本动因"。理据有内部理据和外部理据，内部理据指因语言符号本身因素促使另一语言符号的生成、变化和发展的动因,外部理据则指从各个角度诠释语言符号的生成、变化和发展的依据。理据具有浅层层面的感性意义,凸显其线性特征,理性层面的理据则显现其塔状性特征。又因为多学科发展对理据研究的贡献,理据的研究更加朝着开放性方向发展,具有较强的发散性特征。语言符号的理据研究就是这样从单一的平面研究,到多层次的探讨,再到更深层次的多角度、多方位的探索之中。可以说,如同其他学科的理论研究一样,理据的研究存在着一条路径,那就是从简单到复杂、从具体到抽象、从单一到多层次、多方位的一条认知路径。沿着这条理据研究的路径走下去,语言符号系统必将梳理得更加有序、更加清晰,从而揭开复杂而庞大的语言符号系统中的一个个谜团,为进一步探索人类语言的奥秘提供更多、更可靠的科学研究理据。

参考文献

1. Chomsky, N. 1980. Rules and Representations. Oxford: Basil Blackwell.

2. Chomsky, N. 1991. Linguistics and adjacent fields: a personal view. In A. Kasher (ed.) The Chomskyan Turn. Oxford: Blackwell, 5-23.

3. Saussure, F. D. 2001. Course in General Linguistics. Beijing: Foreign Language Teaching and Research Press & Gerald Duckworth & Co. Ltd.

4. Ulmann, S. 1962. Semantics: An Introduction to the Science of Meaning. Oxford: Basil Blackwell.

5. Cook V. & M. Newson. 2000. Chomsky's Universal Grammar: An Introduction (Second edition). Beijing: Foreign Language Teaching and Research Press.

6. 李子荣. 比喻构词的语言学理据. 嘉兴学院学报,2003(9):85—107.

7. 沈家煊. 句法的象似性问题. 外语教学与研究,1993(1):2—8.

8. 王艾录,司富珍.语言理据研究.北京:中国社会科学出版社,2004.

9. 肖建安,肖志钦.变异修辞的逻辑理据.外语与外语教学,2004(11):10—11.

10. 肖建安,肖志钦.变异修辞的美学理据探讨.外语教学,2004(11):25—27.

11. 严辰松.语言理据研究.解放军外国语学院学报,2000(11):1—6.

第 17 章　语言研究的记忆心理学视角：语言心理机制与记忆原理

17.1　人类语言的生物秉性

　　语言是人类特有的交际工具，即使失聪的聋哑患者，由于发声器官受到了损伤而无法将语言进行语音输出，但是他们仍然具有语言能力。Chomsky 将这种能力称为 I-语言（Internal Language，即内在语言）。如凡是接受过书写文字培训的人，其后天失聪后仍能通过书面语形式进行语言交流。美国著名作家 Helen Keller 就是其中一例。Hellen 自幼为聋哑患者，她凭着惊人的毅力学会了法语、德语、拉丁语及希腊语等四门外国语，成为一名优秀作家。我国也有一位自幼双耳失聪的残疾人周婷婷，她在父母的悉心教育和培养下学会了开口说话，并最终成为一名留美博士。

　　即使先天的失聪患者，他们从未有过外在语言的输入经历，却仍然能够用特定的语言形式进行交流。美国 Susan Goldman Meta 女士在她主持的一项研究项目中发现，三位自幼在一起玩耍的聋哑堂兄妹，他们的父母听力正常，应该说这三个兄妹从来没有过任何符号语言的经验。令人惊奇的是，这三个孩子在相互玩耍的过程中竟然奇迹般地创造了一种符号语言，而且是正常的人类语言（详见吴会芹，2010）！这些生动的例子都充分说明了语言是人类特有的，语言具有先天性、遗传性。

17.2　语言规则与心理机制

语言的生成具有特定的内部规则和原则,违背了这些规则和原则,就会造出不合法的句子。

　　(1)a. 天晴了。

　　　b. 他胖了。

　　　c. ? 他高了。

　　　d. 他长高了。

　　　e. * 桌子圆了。

　　　f. 桌子是圆的。

同是汉语,同为陈述句,同为名词主语加形容词的述谓结构,为什么(1a-b)听起来合乎语法,而(1c)的接受度却大打折扣? 要想使(1c)变得合乎语法,就必须在主语"他"与谓词"高"之间加个动词"长"字方可实现,如(1d)。同理,使用相同句子结构的(1e)也完全不符合汉语语法。要想使之合法,必须用连系动词"是"将主语"桌子"与形容词"圆的"连接起来方可实现。这又是为什么?

再看第二组例子:

　　(2)a. blik, bilk, kilb, klib.

　　　b. bkil, blki, kbil

在(2a-b)两组语音组合中,讲英语的人只凭语感就很容易地判断出(2a)语音组合的正确性。相比之下,(2b)的语音组合却不能接受。

　　(3)a. John has already leaved.

　　　b. John linguistics likes.

　　　c. Colorless green ideas sleep furiously.

比较(3a-c),我们能够得知,(3a)之所以不合语法,是因为单词"leave"在本句中应以其过去分词"left"为呈现方式,因为"leave"的过去时及过去分词为不规则形式"left"。(3b)之所以不合法,是因为作为谓语动词"like"的宾语"linguistics"应该置于谓语之后,即"John likes linguistics."(3c)虽然符合句法规则,但却让人读起来一头雾水,因为 ideas 无论被 colorless green 修饰,还是与谓语动词 sleep 搭配,都有悖其间所应遵循的语义关系规则。

例句(1)~(3)显示,语言无论在语音方面(语音规则)还是在词的构成方面(词法)都应遵循特定的规则。句子中各个成分的句法、语义关系也不例外。语言的产出无论违反了哪一条规则,都会影响语言的可接受度,严重的话就会导致语言的不合法。

语言的生成过程蕴含了特定的心理机制。语言信息处理就是通过语言规则和原则与语言心理机制共同作用的结果。在这个信息处理过程中,记忆是促成整个过程发生的核心。任何外部信息在使用一系列心理结构对信息进行编码、存储和提取的时候必须通过记忆手段保证整个过程顺利进行。如果没有记忆,任何阶段的程序都将无法完成。可见,记忆不仅对语言学习具有重要作用,也是人类认知发展的重要组成部分。

17.3 记忆工作原理

人的大脑好比一个信息储存器,外部信息通过一系列的心理过程进行编码之后就会在大脑中储存起来,以备需要时提取使用。记忆功能的正常运作需要整个神经系统的参与方能实现。神经系统分为中枢神经系统和周边神经系统两大部分,其网络遍及全身的各个角落。外部世界的信息都是经过神经系统传递给大脑的。人的中枢神经系统是神经系统的重要组成部分。大脑接受信息后就会向某个机体发出指令，从而诱发一系列活动的发生。人的记忆有信息记忆、感知记忆等多种形式，不同形式的记忆需要不同的神经环路。新信息记忆发生在两个巴贝兹环路内，其中一个位于大脑的左半球，一个位于右半球。左脑半球的环路主要负责语言记忆，右脑半球的环路负责空间信息记忆。

巴贝兹环路的入口处在海马脑回。外部信息进入海马回后，就会通过双乳体和丘脑进入额叶内层的扣带回。扣带回对信息进行处理之后，就会把已处理信息送回海马脑回，从而使被处理信息得到巩固（如图 17-1 所示）。

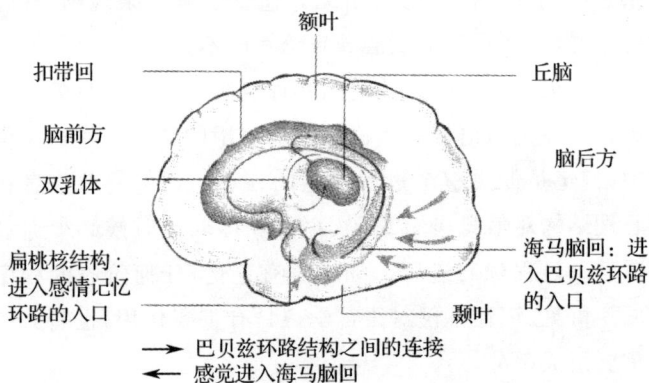

图 17-1　巴贝兹环路图（于海娣，2010）

记忆能力的好坏并非取决于大脑中细胞数量的多少，而是取决于神经元之间结合的数量及性质。人的大脑由 140 亿个脑细胞组成，每个细胞可以生长出 2 万个树状般的突触。当我们回忆以往的记忆时，大脑中的神经元突触开始处于活跃状态。如果这些突触发生连接，其相关信息传递的任务就能完成。一个新的记忆信息在脑细胞之间传递时会留下"记忆痕"。沿着这个记忆痕留下的轨迹走下去，就会在其周围形成一条生化电磁通道（即神经环路）。这条生化通道宛如一条充满荆棘的荒原小道,需要不断地开垦方能变得畅通。倘若经常光顾这条通往记忆信息的通道,其相关的记忆痕就能得到加深,其相关信息也就会记得牢、记得久。反之,如果忽略它,这些记忆痕就会变得浅淡,从而使记忆的信息通道变得充满阻力,甚至最终消失。

记忆分为短时记忆、普通记忆和长时记忆。短时记忆就是暂时记忆,即为了某种需要在较短时间内记忆的内容,如购物、打电话等。这种记忆只需保留到任务完成时,之后就会随之忘记。普通记忆也叫中期记忆,通常需要人们对事物进行一定的关注之后才能形成。普通记忆是生活中利用率最高的记忆,其持续时间没有特别的定义,可以是几天、几个月甚至几年等。长时记忆就是永久记忆,即通过某种特殊记忆手段在大脑中留下较深的记忆痕,使人对某种事件的记忆保持较长的时间。如在英语学习过程中所需要的词汇信息、语法信息等。这些内容如若在短时间内忘却,就对后期学习造成影响。

有人认为长期记忆不仅是生物性改变的结果,更重要的是基因作用的结果,即"对一个神经元的重复刺激将引起处于细胞核内的某些特殊基因的活化"(于海娣,2010:31—32),从而"引起大量蛋白质的产生"(ibid),并同时"参与神经元自身的增生"(ibid)。由于这些蛋白质在树状突的顶端能够形成许多刺状物,刺状物又在伸长的同时产生新的树突,并与其他神经元建立新的连接。如此往复,这些参与活动的神经元之间就会形成新的神经网络,从而使神经元结构发生改变。神经元结构的改变正是长期记忆的细胞基础。

如何在学习中保持记忆的持久性,是记忆心理学研究的内容,也是语言学习者非常关心的内容之一。实践证明,如果在学习中遵循科学的记忆方法,就能达到事半功倍的效果。否则,学习起来就会事倍功半。

记忆方法的研究已不是一个新的话题。不过,由于记忆对一个人的生活非常重要，尤其在当今升学压力如此之大的环境中，如何科学用脑、如何有效提高记忆，依然是广大学者、学子、家长的关注焦点。

以下我们就当前国内外影响力较大的几种记忆理论及方法做简要介绍。

17.4　巧用"思维导图"

思维导图又叫心智图，是一种以放射性思考模式为基础的图形思维展示工具，其创始人是英国著名的心理学家、教育家托尼·巴赞（Tony Buzan）先生。

托尼·巴赞创作思维导图的初衷来源于他对一本关于如何使用大脑的书籍的需求。可当他兴冲冲地跑到图书馆寻找该书时，却被告知查无此书。连日来的用功学习与越来越差的成绩使他开始考虑是否由他自己开垦这块处女地。后来他发现，若能在记笔记时将词汇及色彩两种大脑皮层技术巧妙地合并，就能使读书笔记效果得到较大的改观。在这种思想指导下，他学习了心理学、大脑神经生理学、语义学、神经语言学、信息理论、记忆和助记法、感知理论、创造性思维和普通科学，并逐渐认识到在学习中应该构建一幅放射性的网状思维导图将会对学习者构建完整的知识体系起到推波助澜的作用。

思维导图是通过使用放射性线条、色彩、图案及符号编织的网络，因而，它能将枯燥的思维信息以五彩斑斓的网络全景视图呈现。由于思维导图通常是以一张全景的视图模式展示，它对学习者较快地把握整体知识结构的脉络及其框架结构具有明显的作用。

从理论上讲，由于这个网络图案的节点及其子节点可以无限添加下去，因而，无论这个思维结构多么庞杂，都能通过这个思维导图予以呈现。有了这样一张思维导图，学习者就能按其所需顺藤摸瓜找到相应信息点。由于这一提纲式的思维导图具有将纷繁内容清晰化的作用，因而对于人的记忆是十分有效的。在我国，思维导图已被广泛用于针对青少年的教学培训项目。

不过，正是由于思维导图具有全景网络视图的优越性，因而也为它的空间表现度增添了很大的局限性。

托尼·巴赞的思维导图在创建初期主要采用人工手绘图案方式。虽然该图最大限度地运用了色彩差，以便将不同的知识结构区分开来，但在空间上却难免显得拥挤不堪（如图 17-2 所示）。

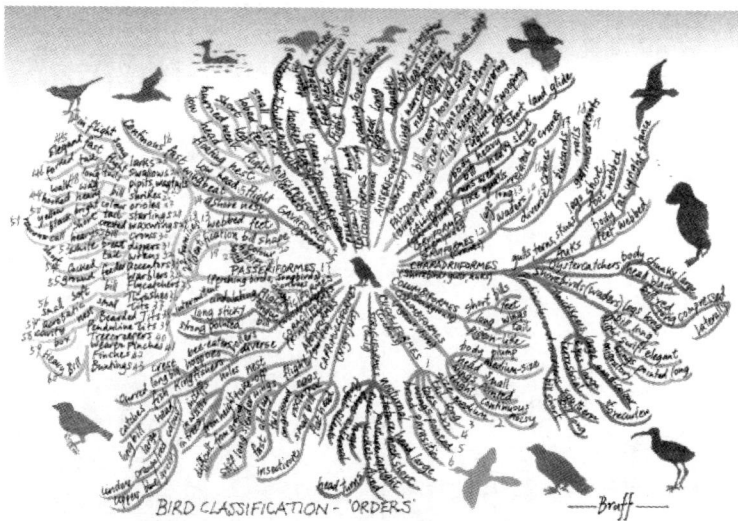

图 17-2　由 IBM 公司布莱恩·海勒绘制的鸟类思维导图

（托尼·巴赞，2000：396）

不过，随着思维导图应用范围的日益增大，其图案绘制技术逐渐馈入了新的技术元素，从而使思维导图的制作得到了技术保障。如借助于 Mindmanager、Mindmap、Freemind 等制作软件，我们便能制作出一张图文并茂、层次鲜明的思维导图。在软件技术的支持下，人们不仅能随心所欲地对导图进行风格、形状及大小的改变,还能将密集型的节点以截图显示,从而克服了以往手工绘制图案时空间不足的弊端(见图 17-3)。

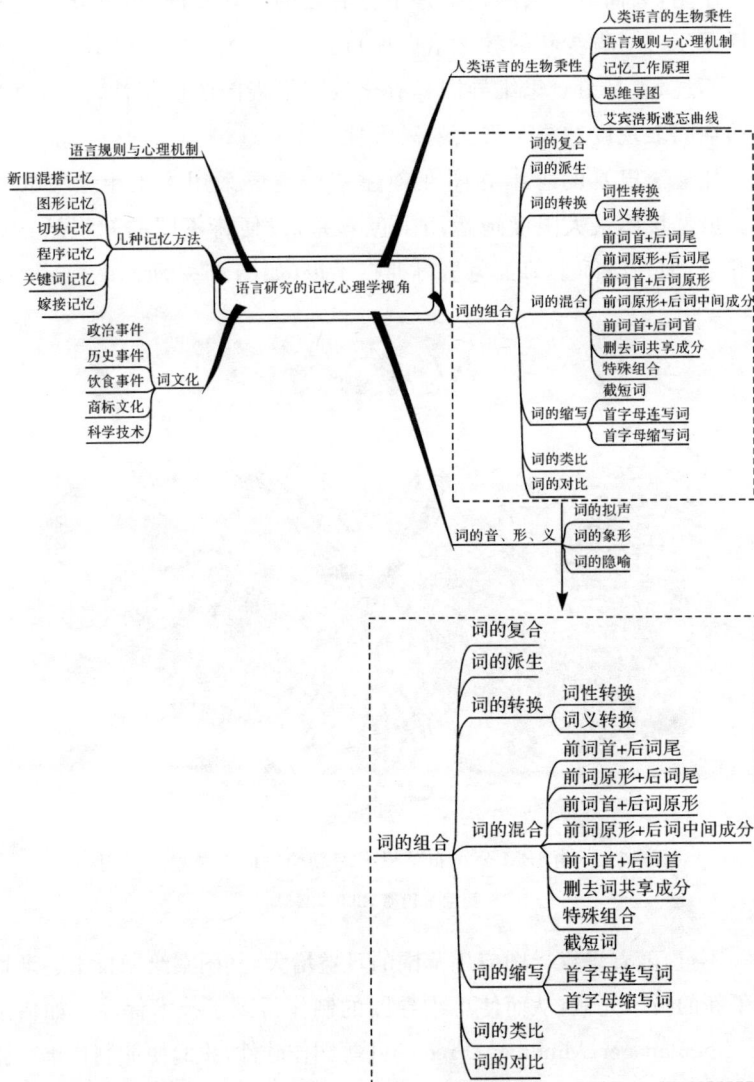

图 17-3　语言研究的记忆心理学视角思维导图

思维导图已在西方被广泛应用于学习及工作的各个方面。不过，思维导图在我国主要用于针对学习者的教学培训项目。

17.5　艾宾浩斯遗忘曲线

德国心理学家艾宾浩斯（Hermann Ebbinghaus）研究发现，大脑对新事物的遗忘进程并非呈均衡发展态势，而是遵循了"先快后慢"的发展原则，即在记忆的最初阶段遗忘的内容最多，速度也最快，随着时间的推移，遗忘的内容和速度开始逐渐减少、减慢。当某种记忆在大脑中保持了相当时间之后，遗忘就有可能不会发生了。

最初的记忆属于短时记忆，指人们在较短时间内输入的信息。这种信息只能在记忆中保存短暂时间，一旦过了这个时间，信息就会被忘记。倘若这些信息在忘记之前得到及时复习，其记忆时间就会保持良久。这一遗忘曲线告诉我们，如果这些信息在特定记忆有效期内能够得到不断复习，就能在记忆中加深印象，保持永久。

艾宾浩斯以时间为横轴，以学习中记住的知识数量为竖轴，当他把在不同时间内所记住的知识量连点成线时，一条表示记忆量变化规律的曲线图便跃然纸上，这就是著名的艾宾浩斯遗忘曲线。

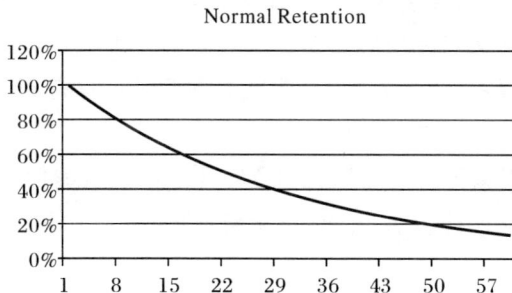

Normal Retention

图 17-4　艾宾浩斯遗忘曲线（常态记忆下）

　　为了论证这一规律，艾宾浩斯（Ebbinghaus 1885）做了进一步的实验。他还发现，要想记住 12 个无意义音节，平均需要重复 16.5 次；要想记住 36 个无意义章节，则需重复 54 次；而记忆六首诗中的 480 个音节，平均只需要重复 8 次。这个实验表明，凡是理解了的知识，就能记得快、记得牢。有鉴于此，学习中若能将新的知识与熟悉的知识结合起来，就能提高记忆。

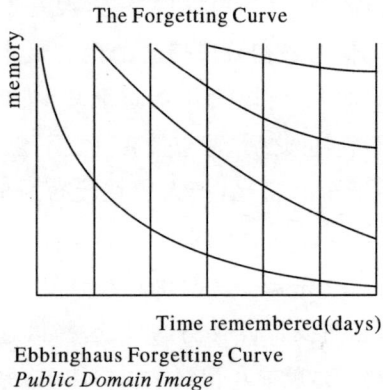

The Forgetting Curve

memory

Time remembered(days)

Ebbinghaus Forgetting Curve
Public Domain Image

图 17-5　不同记忆内容的遗忘曲线

　　艾宾浩斯的遗忘曲线一经发现，立刻引起世人的关注。在其影响下，人们对人的遗忘规律进行了大量的实验研究，结果显示，大量的数据都支持艾宾浩斯的假设。Savara 的实验显示，如果在初次记忆后不及时复习，那么 7 天之后其记忆量只能够保持 33％。然而，如果能够在一定时间内及时复习，记忆量就能提高到 83％。如果初次记忆后不及时复习，两个月（63 天）后其记忆量只能保持 14％，但经过复习后则能保持 70％（如表 17-1 所示）。

表 17-1　记忆容量与特定时间长度后的关系 ①

After this number of days	The amount remembered by students who did no review was	The amount remembered by students who reviewed was
7	33％	83％
63	14％	70％

从图 17-6 中我们可以明显地看到及时复习给记忆带来的效果。

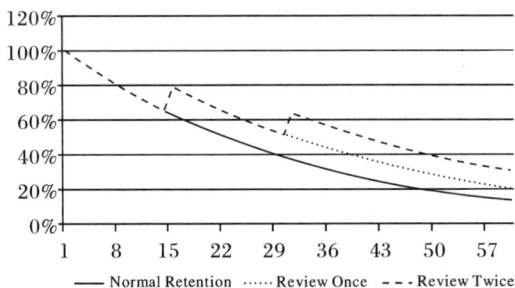

图 17-6　常态记忆、复习一次、复习两次后的遗忘容量比较图

　　艾宾浩斯遗忘曲线对教育事业产生了重大影响，其教学意义在于：为了避免过快遗忘，学习新的知识后就应及时复习，以便在已学知识可能被忘却之前加以巩固。

参考文献

　　1. Ebbinghaus H. (writer)，1885. Henry A. Ruger & Clara E. Bussenius (translator)，1913. Memory：A Contribution to Experimental Psychology.

　　2. Savara S. The Ebbinghaus Forgetting Curve—And How To Overcome It,

---

① 来源：Savara S. The Ebbinghaus Forgetting Curve—And How To Overcome It. http://sidsavara. com/personal-productivity/the-ebbinghaus-curve-of-forgetting.

http://sidsavara.com/personal-productivity/the-ebbinghaus-curve-of-forgetting.

3. 艾宾浩斯遗忘曲线：互动百科，http://www.hudong.com.

4. 卡罗尔，D.W著.缪小春译.语言心理学（Psychology of Language）.上海：华东师范大学出版社，2008.

5. 邓光辉，唐云翔.百分百英语单词速记法标准化教案（大学四六级）.

6. 东尼·博赞著.张鼎昆等译.思维导图丛书.北京：外语教学与研究出版社，2005.

7. 李庆安.破解快速记忆之谜——记忆与智力研究新概念（上下册）.北京：当代世界出版社，2006.

8. 思维导图，互动百科，http://www.hudong.com.

9. 托尼·巴赞著.李斯译.思维导图——放射性思维.北京：作家出版社，2000.

10. 吴会芹.叩响通天塔之门——我在麻省理工学院做高访.杭州：浙江大学出版社，2010.

11. 于海娣.超级记忆术（大全集）.北京：中国华侨出版社，2010.

第 18 章　语言研究的记忆心理学视角：几种记忆技巧

18.1　高频字母组合

Forster(1976,1979)的搜索模型认为,单词识别系统被分成几个不同的成分,一个负责词的正字法特征,也就是拼写特征,一个负责语音特征。正字法特征及语音特征都是按照频率递减的顺序组织的,因此,高频词往往比低频词先被搜索到。据此,只要输入信息与这两个储器中的某个项目相匹配,已掌握词汇中的词条就被提取出来了(见 Fortster 1976,1979;引自卡罗尔,2007:115-116)。

英语单词中有一些高频字母组合如-ght、-cr、-str 等。这些字母组合不仅在单词中出现率频率高,而且大部分还含有一定的语义,巧记这些字母组合不失为记忆单词的好办法。

ab-：abroad, abuse, abstract, abnormal

ack-：back, lack, tack, snack

-igh-：tight, sight, light, high,

ad-：advertisement, adverb

ag-：agree, agriculture

am-：ambulance, ambicious

al-：aluminum, always, allright

at-：attitude, attribute, atmosphere

au-：auto, auditorium, audience

bl-：blue, blow, blog

br-：brother, break, bright

ca-：catch, Cathy, cap, cat

ch-：cheese, Chinese, Christ, chopstics

cl-：close, clock, clear

co-：Coca, color, colligraphy, collapse

cr-：cry, crack, creer

cu-：cucumber, curriculum, current

dr-：dream, drive, dry

fl-：fly, fleet, float

fr-：fry, free

gl-：glow, glare

gr-：green, greed, grid

-ough-：thought, though, through, cough

ph-：phone, phonology, philosophy

pr-：prove, progress, process

qu-：quest, quiet, quick

sc-：screen, screeze, science

sh-：shop, shock, sheet, shot, sheep

sk-：sky, sketch, ski, skin

sl-：slot, slogon, slight

sm-：smart, smooth, small, smug

sn-：sneeze, sniff

sp-：spy, specific

sq(u)-：square, squeeze

st-：steady，steer，step

sw-：sweet，sweep

th-：third，thirsty，thred

tr-：try，tricycle，tree，triple

wh-：what，why，when，where，whether

18.2 图形记忆

实验研究表明，学习过程中若能借助于图像记忆，就能印象深刻。

脑科学研究表明，人的右脑具备图形、空间、绘画以及形象的认识能力。这一能力促使人的直观、综合以及形象思维能力在学习中发挥巨大作用。众所周知，汉字复杂的笔画给汉字学习带来极大的困难。然而，许多象形的汉语文字如"人"、"木"、"田"、"口"等不仅使中国人感到好学好记，而且让对汉语一窍不通的外国人学习起来也倍感轻松，说明了图像法在记忆中的作用（如图 18-1 所示）。

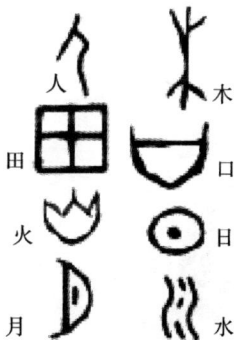

图 18-1　古代象形文字

（图片来源：有道图片）

与汉语相比,英语单词虽不具有典型的象形特征,但对英语单词象形特征的挖掘却有助于学习者记忆单词。研究显示,少量英语部分单词具有一定的象形特征,如单词 eye,bed,broom 等(如图 18-2、图 18-3、图 18-4 所示)。

eye

bed

图 18-2　单词 eye 的象形图　　　图 18-3　单词 bed 的象形图

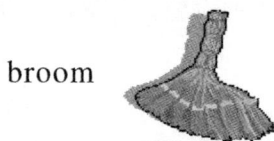

broom

图 18-4　单词 broom 的象形图

虽然我们无从找到这些单词的象形特征是否有一定的历史源头,但英语中以大写象形字母合成的单词如 A-tent(A 形帐篷),V-belt(V 形传输带),X-axis(X-轴)等却不得不让我们想到英语部分单词可能具有象形特征(如图 18-5、图 18-6、图 18-7 所示)。

A-tent

V-belt

图 18-5　单词 A-tent 的象形图　　　图 18-6　单词 V-belt 的象形图

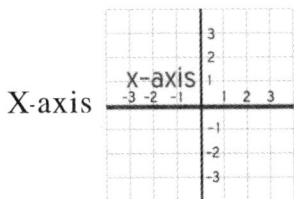

图 18-7　单词 X-axis 的象形图

由于这些单词的构词法新颖独特，它们一经出现便受到效仿，于是 U-turn（U 形弯道），T-shirt（T 恤衫），S-hook（S 形挂钩），V-sign（V 形手势），Y-front（Y 形男士短款）……一一诞生便不足为奇了（如图 18-8、图 18-9、图 18-10、图 18-11 所示）。

图 18-8　单词 U-turn 的象形图

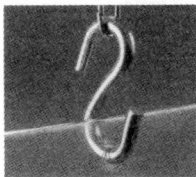

图 18-9　单词 S-hook 的象形图

图 18-10　单词 V-sign 的象形图

图 18-11　单词 Y-front 的象形图

18.3　切块记忆

　　"单词切块"记忆法也叫"以熟记新"法①，它是通过把新单词中的字母组合按照有利于记忆的方式进行切分，使被切的成分含有已知信息成分，再通过加工相应的记忆策略把熟信息与新单词联系起来，这样就能在二者之间架起一座记忆的桥梁。

　　如单词 euthanasia(安乐死)，仅就它在拼写上的复杂度就足以让众多学习者屡记屡忘，再加上该单词的使用频率极低，即使具有几十年英语学习经历的人也会在它面前"忘"而却步。不过，这个单词经过巧妙的人工拆分后，该单词便一分为三成为 eu、than、asia，其中 eu 取 Europe 的前两个字母表示"欧洲"，than 取其本意表示"比"，aisa 取其本意表示"亚洲"。我们通过人工想象，希望借助于这三个熟悉的成分 eu、than 和 asia 的意义"欧洲"、"比"及"亚洲"与生词 euthanasia 的实际意义之间架起一座记忆桥梁，这就是经过加工的记忆策略——"欧洲(eu)施行安乐死比(than)亚洲(Asia)早"(如图 18-12 所示)。桥梁一经搭建，记忆将永驻脑海。

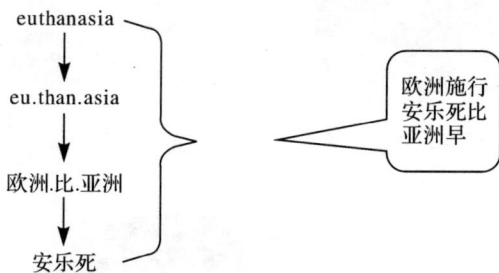

euthanasia

↓

eu.than.asia

↓

欧洲.比.亚洲

↓

安乐死

欧洲施行安乐死比亚洲早

图 18-12　切块记忆过程图

---

① 详见邓光辉、唐云翔：百分百英语单词速记法标准化教案(大学四六级)。

该记忆法强调，要想高效使用"切块记忆"或"以熟记新"法，必须遵循以下程序或步骤：即"以新找熟"、"新熟联想"、"默想策略"、"尝试回忆"、"及时复习"五个步骤。所谓"以新找熟"，就是在陌生单词中间寻找已知信息；所谓"新熟联想"，就是通过加工记忆策略展开联想；所谓"默想策略"，就是尝试在新单词与熟信息之间架起一座记忆桥梁的同时或之后不断地回想记忆策略以加深印象；然后顺着桥梁"尝试回忆"；最后别忘了"及时复习"。

18.4 程序记忆

"程序化学习"法是把一组拼写相似的单词组成一个集合，从中找出其不同的拼写字母并对其进行记忆策略加工，以达到组合记忆的效果。

以下是一组拼写相近的单词（如图 18-13 所示）。

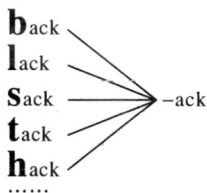

图 18-13 程序化记忆图示

由于这组单词具有相同的字母组合 ack 和不同的首字母 b、l、s、t，我们只需将这四个首字母分别进行记忆策略的加工，就能达到程序化记忆的效果。

我们从大家最熟悉的 back 开始。由于 back 具有"后背"的含义，而 lack 中的 l 字母由于"缺少"（lack）了 b 字母右侧的半圆而变成了 lack。Sack 中的首字母 s 形如蛇，人的"背"（back）后如果扛着一个大"麻袋"（sack），这个"背"（back）一定是弯曲的，如同蛇一般。Tack 的首字母 t 如同一只"大头钉"（tack），其记忆策略由此可窥见一斑。

英语单词中有许多高频字母组合，如"ab"、"str"、"th"等。将含有相同高频字母组合的单词放在一起进行批量记忆，不仅能提高记忆效率，还能避免把拼写相似的词混淆在一起，这是因为，听者对单词的识别点——一个词区别于其他可能的词的那个点十分敏感（Marslen-Wilson 1987，1990；Marslen-Wilson & Welsh 1978；Marslen-Wilson & Tyler 1980）。如果将听者对识别点的敏感度应用于词汇学习，也会产生同样的效果（如图 18-14 所示）。

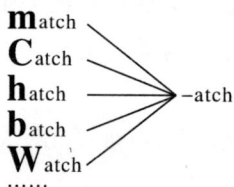

图 18-14　含高频字母组合-atch 单词程序记忆图示

这些单词的拼写只有首字母不同。如果我们依据各个单词的意义分别联想出它们的记忆策略，就能使该系列单词得到程序化记忆。首先，因为单词 match 的释义之一是比赛，联想到比赛的场所是在体育馆内进行，又因为该词的首字母 m 形如门，因而"门"就成了单词 match 的记忆策略。其次，单词 catch 的释义之一是"逮"。联想到正在举行球赛的体育馆内时常发生球门骚乱，抓人逮人的事时有发生，于是，"逮"便成为单词 catch 的记忆策略。第三，单词 hatch 的释义之一是"孵化"。联想到该词首字母 h 形如椅子，倘若体育馆的椅子下突然孵化出一群小鸟，一定会震惊四座。第四，单词 batch 表示"一炉"、"一批"。如果我们能够带着一炉面包在体育馆内便吃边看，该是一件多么惬意的事。最后，单词 watch 释义之一是"观看"。由于它的首字母 w 形如波浪，联想到体育馆的观众席上热情的球迷常常在喧闹声中演绎出涌动的人浪，它们随着震耳的助威声此起彼伏，场面甚为壮观。由此，单词 watch 的记忆策略便油然而生。

参考文献

1. Fortster K. I. 1976. Accessing the mental lexicon. In R. J. Wales & Walker （eds.） New Approaches to Language Mechanisms：257-287. Amsterdam：North-Holland.

2. Fortster K. I. 1979. Levels of processing and the structure of the language processor. In W. E. Cooper & E. C. T. Walker（eds.）Sentence processing：27-85. Hillsdale, NJ：Erlbaum.

3. Marslen-Wilson，W. 1987. Functional parallelism in spoken word-recognition. Cognition（25）：71-102.

4. Marslen-Wilson，W. 1990. Activation，competition，and frequency in lexical access. In G. T. M. Altmann （ed.） Cognitive models of speech processing：Psycholinguistic and computational perspectives. Cambridge，MA：The MIT Press.

5. Marslen-Wilson，W. ，Tyler，L. K. 1980. The temporal structure of spoken language understanding. Cognition（8）：1-71.

6. Marslen-Wilson，W. D. ，& Welsh，A. 1978. Processing interactions and lexical access during word recognition in continuous speech. Congnitive Psychology（10）：29-63.

7. 卡罗尔 D. W. 著，缪小春译. 语言心理学（Psychology of Language）. 上海：华东师范大学出版社，2008.

8. 邓光辉，唐云翔. 百分百英语单词速记法标准化教案（大学四六级）.

第 19 章　语言研究的记忆心理学 视角:词的组合

19.1　词的复合

两个或两个以上的词按照一定的次序进行排列组合而成的新词称为复合词(compound)。复合词可以拼写为一个词,也可以在二词或多词之间加一连字符,还可以将这两个或两个以上的词分开拼写,如表 19-1 所示。

表 19-1　复合构词

复合词	汉　译
bungie jumping	蹦极
mouse potato	电视迷
air pollution	空气污染
noise pollution	噪音污染
visual pollution	视觉污染
cultural pollution	文化污染
spiritual pollution	精神污染
skateboard	滑板

从理论上说,复合词没有长度及组合成分数量的限制,只要能被接受,词与词之间用连字符连为一体即可,如:the jumping-on-a-chair-at-the-sight-of-a-mouse era 表示"看见老鼠就会从椅子上跳起来的那个时代"。

由于复合构词法是由两个或两个以上的熟词组合而成,其形义明朗,易于识别和理解,因而是扩大汇量的最佳方法之一,长期以来被广泛应用于单词记忆。由于复合词的组合成分在很大程度上是学习者以往知识体系的一部分,其熟悉的信息更有助于帮助学习者加深记忆,在语言学习过程中往往起到事半功倍的效果,因而深受广大语言教学工作者及学习者的青睐。

19.2　词的派生

派生法(Derivation)是常用的构词手段,主要有加缀、重叠、变异、减缀四种方式。这些派生词一般是借助于前缀(Prefix)、中缀(Index)和后缀(Suffix)的变化生成的新词。由于派生词具有稳定的构词规律,其固定的词缀所提供的信息能够有效地帮助学习者识别词性和词义,因而对于语言学习者来说是批量扩充词汇的有效方法。

派生法在英语新词的产生过程中非常重要。追溯词源,我们不难发现,许多与政治、社会、文化的发展密切相关的新词都是借用了派生构成法构建了大量带有历史烙印的新词。例如:单词 alcoholic 释义之一是"嗜酒如命的"(陆谷孙,1993:41)。20 世纪 70 年代以来,以该词主要成分-holic 为词缀派生而来的新词比比皆是。这些新词不仅承继了以词缀-ic 的形容词特征,而且还包含 alcoholic 一词的语义内容,使得经该词缀派生的新词延伸出"对……嗜好如命"的新意。如表 19-2 所示。

表 19-2　词的派生（通过后缀的添加）

后缀派生词	汉　译
workaholic	工作狂
carbaholic	嗜食碳水化合物之人
chocoholic	嗜食巧克力之人
foodaholic	过分贪吃之人
beeroholic	嗜好啤酒之人
colaholic	嗜好可口可乐之人
movie-holic	电影迷
teleholic	电视迷

当然，词的派生不仅限于后缀的附加，在英语词首附加一前缀派生出新词的构词法也屡见不鲜。如随着欧洲共同体的日益扩张，与欧洲相关的新词语迅速膨胀。这些词的派生是取 Europe 的词首euro-为缀附加在其他词之首构成新词，表示"西欧的"或"有关欧洲共同市场的"之义。如表 19-3 所示。

表 19-3　词的派生（通过前缀的添加）

前缀派生词	汉　译
Eurail Pass	全欧火车通票
Euro-dinner	欧陆国宴
Euro-freeze	欧洲大冰封
Euro-man	欧洲人
Euro-farmer	共市农民
Eurosis	欧洲经济危机
Eurasia	欧亚大陆

19.3 词的转换

19.3.1 词性转换

19.3.1.1 重音转换

英语单词有词性差异。根据不同的结构需求,单词的词性需要做相应的转换。词性转换有两种主要表现形式,一是通过重音的转换使单词的词性直接发生转换。在含有两个音节的单词中,将重音施于第一个音节,该词就转换成名词;反之,如果将重音施于后一个音节,该词则直接转换为动词(如表 19-4 所示)。

表 19-4 重音变化下的词性转换

N.	V.
'excuse	ex'cuse
'comfort	com'fort
'increasc	in'crease
'subject	sub'ject
'contract	con'tract
'desert	de'sert
'digest	di'gest

19.3.1.2 词加缀

英语单词的词性转换还有另一种实现形式,即在词的尾端加词缀[①]。词缀在转换单词的词性时以后缀为主。

[①] 有少量前缀也具有词性转换功能,如 en-加在形容词之首,该词就转化为动词,见 enlarge, enrich 等。

按照词性进行分类，后缀主要有以下几种类型：

● 名词后缀

表示"人"、"物"的名词后缀：

-ior：superior, senior,

-or：doctor, operator

-er，worker，teacher

-ee，employee, mentee, interviewee

-eer：engineer, pioneer

-(r)ess：hostess, actress

-ese：Chinese

-an/ain/ian：politician, captain, physician,

-ar：beggar

-an/ant/ent：Indian, Asian, Guardian, applicant, attendant, assistant, president, resident

-ate：candidate, graduate

-ist：tourist, socialist, capitalist,

-ive：detective, captive

-ic：

表示抽象名词的后缀：

-th：growth, warmth, width, length

-age：passage, shortage, sandwage, message, voyage, baggage

-al：survival, refusal, proposal

-dom：kindom, freedom

-ice：practice, service, justice

-ship：relationship, friendship, leadership, hardship

-hood：childhood, adulthood, neighborhood

-ing：doing, taking

-iontionsion/ssion: relation, action, organization, addition, operation

-lism: capitalism, socialism

-ology,ics: biology, technology, zoology, psychology, physics

-itude: altitude, attitude

-y/ty/ity: discovery, society, capability, honesty, nationality,

-ence/ance: innocence, absence, attendance, ignorance, appearance

-ment: movement, judgement, management

-ness: business, carelessness

-ure: pleasure, lecture

● 形容词后缀

-able: capable, reasonable, unable, changeable, eatable, drinkable, portable

-ible: visible, possible, horrible

-ant: brilliant, assistant

-ent: fluent, dependent

-ous: dangerous, cautious

-ish: foolish, selfish, English

-al: international, fatal, typical, racial, mortal

-ic: atomic, basic

-ive: massive, impressive, active

-en: golden, wooden

-ful: wonderful, successful, graceful, dreadful, careful, useful, forgetful

-less: careless, helpless, restless, useless

-ed: excited, developed, interested

-ing：exciting，interesting

-y：cloudy，healthy，noisy，sunny，worthy

-ly：friendly，daily，weekly，monthly，yearly

● 动词后缀

-en：shorten，widen

-(i)fy：purify，beautify

-ize：realize，specialize，recognize

-ish：polish

● 副词后缀

-ly：quickly，quietly，frankly，sincerely

-ward(s)：foreward，backward

-ways：always

-wise：otherwise

19.3.1.3　直接转换

此外，英语中有大量的名词可以不经重音变化和加缀变化就能实现词性的转换。

● 名转动词(denominal verbs)

我们在 9.1 小节中曾引用以下例句。

(1)a. Jennifer *dashed* across the road.

　　b. Jennifer *made a dash* across the road.

其中(1b)中的复合动词词组 *make a dash* 经由(1a)中的 *dash* 分解而生成。例句(1)中的 *dash* 就是名转动词实例之一。类似的用法还有许多，如：

(2)a. John *shelved* the book.

　　b. John *put* the book on the *shelf*.

Eve V. Clark & Herbert H. Clark (1979)曾就名转动词进行了深入研究，我们节选部分实例加以说明，并对其中的语料略做补充。

☆移位动词(locatum verbs)。

移位动词是指将某个物体名词直接用做动词,表示通过该物体的移动使其置于所选宾语位置,如 to blanket the bed 表示"将毯子铺在床上"之义。类似的用法如下:

to carpet the floor

to wallpaper the wall

to coat the furniture

to seed the lawn

to forest the land

to feather the nest

to butter the bread

to ice the cake

to soap one's face

to perfume one's neck

to water the roses

to sugar the fruit

to dress the baby

to shirt the model

to trouser the boy

to belt one's pants

to jacket the child

to glove one's hands

to uniform the guards

to mask the players

to beard the actor

to cap the child

to address the letter

to stamp the passport

to nickname the child

to ring their fingers

to jewel her hands

to bandage his ankle

to string the guitar

to dog-ear the page

to peel the apple

to sugar the tea

to cream-and-sugar the coffee

to gas the car

to thread the needle

to lace the shoes

to brain the man

to weed the garden

to fish the stream

to milk the cow

to juice the orange

to fee the lawyer

to drug the man

to poison the rat

to snowball the visitor

to fence the yard

to frame the picture

to bridge the stream

☆方位动词(locative verbs)。

方位动词是指将某个表示方位的名词用作动词，表示将其宾语

移至这个位置。如 to shelve the books，表示"将书放置书架上"。类
似的用法如下：

to ground the planes

to beach the boats

to land the boat

to bench the players

to book the flight

to schedule the appointment

to headline the story

to bulletin the news

to screen the movie

to map the area

to stage the play

to table the document

to island the travelers

to garage the car

to park the car

to harbor the boat

to can the fruit

to tin the peaches

to sack the potatoes

to box the apples

to case the violin

to bottle the wine

to coffin the body

to photograph the children

to package the books

to parcel the presents

to seat the people

to bed the child

to card the example (write on a card)

to minute the decision (put into the minute)

to orbit the satellite

to mine the gold

to face the enemy

☆延续动词(duration verbs)。

延续动词是指将某个可延续的时间名词做动词，表示"花费/度过相应的时间"之义。如 to summer in France，表示"在法国度夏"之义。

to winter in California

to vacation in Mexico

to holiday in France

to weekend at the cabin

to honeymoon in Hawaii

to Christmas in England

to New Year in Omaha

to Thanks-giving with his parents

☆施事动词(agent verbs)。

施事动词是指将某个具有身份特征的名词用作动词，表示"以特定身份对待"之义。如 to nurse the patient，表示"护理病人"之义。

to butcher the cow

to doctor the victim

to nursemaid the baby

to tutor the boys

to police the park

to guard the jewels

to model the clothes

to shepherd the sheep

to tailor the suit

☆体验动词（experiencer verbs）。

体验动词是指某个具有特定经历的人或动物承担特定的角色作用。如 to mother/father the child，表示"给这个小孩做妈妈/爸爸"。类似的用法如下：

to monitor an exam

to referee the game

to partner the host

to husband / wife / uncle someone

to clerk in a shop

to slave over the work

to post-doc with someone

to fox the people

to dog the escapee

to watchdog the house

to squirrel away the money

to buffalo the audience

to wolf the food down

to chicken out of a fight

to pig at the dinner-table

to snake through the cars

☆目标动词（goal verbs）。

目标动词是指将某个名词用做动词，这个名词指示的事物形状、形式、角色等是通过该动词表示的动作而成为客观存在。如 to powder the aspirin，是指"将 aspirin 碾成粉末"之义。类似的用法如下：

to powder the aspirin

to loop the rope

to fool a man

to orphan the children

to baby the student

to widow the woman

to outlaw the thief

to parade the troops

to line up the class

to group together

to club together

to queue up

to pile the money

to bundle the clothes

to lawn the grass

to knot the string

to wrinkle the sheets

to honeycomb the cliffs

to cash the check

to treasure the necklace

☆来源动词（source verbs）。

来源动词是指将某个名词用做动词，该动词将其特定的宾语的表现或输出形式限定在该动词的来源格位。如 to to word the sentence,表示"将这个句子说出来"。

to piece the quilt together

to letter the sign

☆工具动词(instrument verbs)。

顾名思义,工具动词是指将工具性名词用做动词,如 to bus to school,表示"乘坐公交车上学"。类似的用法如下:

to dial the number

to paddle the canoe

to wheel the patient into surgery

to sail the boat to LA

to pipe the oil to Oregon

to hook her dress

to zip the dress

to button the shirt

to dress the baby

to hammer the nail into the board

to drill the hole

to block the road

to dam the river

to track the criminal

to tail the spy

to market the goods

to spade the dirt

to hoe the garden

to dye the cloth

to smoke the fish

to steam the vegetables

☆非作格动词(non-ergative verbs)。

此外,英语中还有一些动词,它们在深层结构中只有主语而没有宾语。句法学上称之为非作格动词。这类动词都是从名词衍生而来(Baker,1988;Hale & Keyser,1992,1993;Huang,2008),因而可以被视为名转动词。例如:

to make a fuss → to fuss

to have a party → to party

to take a sleep → to sleep

to play golf → to golf

to catch fish → to fish

to tell a lie → to lie

to have a laugh → to laugh

to take a dance → to dance

句法学中将上述短语动词中的第一个词如 *make*,*have*,*take*,*play*,*catch*,*tell* 等称为轻动词(详见 9.1),意思是说这类动词只担当动词的功能作用,其语义较轻,而承载较重语义内容的成分则由尾随其后的名化动词来表达(Cattell,1984)。

19.3.2 词义转换

转换不仅有词性转换,还有词义转换。词义转换主要通过词前缀的附加实现。以下我们将按照词前缀所表达的语义进行分类。

表示"前":

fore-:foreword

pre-:preread,predict

pro-:progress,process,propose

ex-:ex-wife

表示"后"：

post-：post-graduate，post-doctor，post-read question

step-：step-farther，step-mother

表示"上"：

over-：over-look，over-view

super-：supermarket，supervise

sur-：surface，surperficial

表示"下"：

sub-：sub-heading，subway，sub-title

under-：underwear，underground，underline

de-：devide，decline

表示"里"：

im/in/intro-：import，input，inside，introduce

表示"外"：

ex/extra/out-：export，exit，extravagate，outside，outlet

表示"之间"、"相互"：

inter-interdicipline，interchange，interview，international，internet

表示"加强"

a-：asleep，aside，already，aloud，await，akward，acknowlegde

表示"在"：

be-：beside，below，behind

表示"宏大"：

macro-：macromedia

表示"微小"：

micro-：microphone，microsoft，microwave

mini-：mini-skirt，minimum，mini-biodata

表示"多项"：

multi-：multiple，multi-cultures

表示"不足"：

under-：undergrouth，undercurrent

表示"完美"、"完全"、"贯穿"：

per-：perfect，percent，perceive

表示"半"、"准"：

semi-：semiautomatic，semiangle，semiannual，semicentenial

hemi-：hemisphere(半球)，hemicycle(半周)，hemihydrate（准含水化合物）

表示"超"、"过度"：

over-：overeat，oversleep，overgrow

super-：supermarket，superpower，superman

表示"次"、"副"、"亚"、"旁"：

by-：bystander，be-effect，byproduct，bypath

sub-：subway，subheading，subordinate，subcontinent，subtropics

vice-：vice-president

表示"唯一"：

uni-：unique，universe，uniform

mono-：monologue，monoatomic，monochord（一弦琴），monochroic(单色的)

表示"二"、"双"、"对"：

bi-：bicycle，biannual，biangular，bicentenary

di-：diologue

twi-：twice，twin，two

表示"三"：

tri-：tricycle，triples，trianglar

表示"四分之一"：

quarter-

表示"五"：

penta-：pentathlon（五项全能），pentagon（五角形）

表示"十"：

deca-：decathlon（十项全能）

表示"百"：

cent-：century，percent

表示"百分之一"：

centi-：centimeter，

表示"千"：

kilo-：kilogram，kilometer

表示"千分之一"：

mill(i，e)-：millimeter

表示"共同"、"一起"：

com-：complete，company，combat，common

con-：concentrate

co-：colleague，collaberate，cooperation，co-owner

表示"否定"、"反对"：

anti-：antiwar，anticancer（抗癌）

a-：atypical

ab-：abnomal，absent

il-：illegal，illogical

ir-：irregular

im-：immoral，impure，

in-：informal，injustice

non-：non-smoker，non-stop

mis-：mistake，misunderstand，misfortune

dis-：dissatisfied，discomfort，discourage

表示"交通"、"移动"、"变化"：

trans-：transport，transplant，transmit，transfer，transform

19.4 词的混合

混合词是指两个或两个以上的成分混合在一起构成的单词(Chambers,1998:99)。混合词的构词方法归纳如下。

19.4.1 前词首＋后词尾

botel（boat＋hotel）:汽艇游客旅馆

luncast(lunar＋telecast):登月电视广播

Chinglish(Chinese＋English):汉语式英语

19.4.2 前词原形＋后词尾

masscult(mass＋culture): 大众文化

radiogram(radio＋telegram):无线电报

jazzotheque (jazz＋discotheque):爵士乐夜总会

slumpflation (slump＋inflation):萧条膨胀

psywarrior (psychological＋warrior):心理战专家

19.4.3 前词首＋后词根

medicare(medical＋care):［美］(尤指对针对老年人的)医疗保健

admass(advertisement＋mass):广告运用(指利用大众传播媒介,作有害社会的广告宣传)

BritRail（British＋rail）：英国铁路公司

19.4.4　前词根＋后词中间部分

copytron（copy＋electronic）：电子复写机
Reaganomics（Reagan＋economics）：里根经济政策

19.4.5　前词首＋后词首

comsat（communication＋satellite）：通讯卫星
psywar（psychological＋warface）：心理战

19.4.6　合并共项

marcoma（marcotic＋coma）：由麻醉剂引起的昏睡。
cosmedics（cosmetics＋medicated）：整容矫治术

混合词的产生多缘于现代科技的迅猛发展。由于新生科技事物不断出现，大量不曾有过的概念及事物需要对应的词语加以描述，于是人们便以诙谐的方式加以仿造，于是新词与旧词、语素与单词、词缀与词根等便被混搭在一起，构成新颖而时尚的混合词。这种方式构成的新词令人熟而不厌，生而不难，其巧妙之处令人慨叹！

19.5　词的缩写

英语语言发展过程中有大量的单词经历过缩写（abbreviation）。词的缩写主要有以下三种类型。

19.5.1　截短词

截短词（clipped word）就是把拼写较长的词截断而成的词，如：
heli：helicopter 直升机

expo：exposition 展览会

mod：modern 现代的

cig：cigarette 香烟

19.5.2　首字母连写词

首字母连写词(Initials)就是将每组单词中的首写字母拼写起来构成的词。这类单词的拼读形式往往是字母本身,如：

IOC(International Olympic Committee)：国际奥林匹克委员会

WTO(World Trade Organization)：世界贸易组织

CAI(Computer Assisted Instruction)：计算机辅助教学

19.5.3　首字母缩略词

与首字母连写词相反的是,首字母缩略词(acronyms)虽然也是取其每组单词的首写字母并将它们拼写在一起构成新的词项单位,但是,其拼读形式不是这些字母本身,而是把它们读成单词,如：

NATO(North Atlantic Treaty Organization)：北大西洋公约组织

DINKS(Double Income＋No Kids)：丁克族(指夫妻双方不要小孩的家庭)

Yuppie(Young Urban Professionals)：雅皮士(指收入丰厚,一味追求物质享受、自命不凡的都市青年)

缩略语是现代英语中重要的构词手段,具有经济简便的特点,多用于科技语体和报刊语体中。

19.6　词的类比

类比构词法(word formation by analogy)是通过词汇成分的类

比构拟出新词的方法（汪榕培，2000：131）。这一构词法不仅涉及词法，同时还融入了语言修辞法。借助于混合构词法，新词便如雨后春笋般地被大量仿造出来。如 bandmoll（乐队女郎）是借助于 gunmoll（匪徒女郎，指带枪匪徒的姘妇或女友）仿造出来的新词，指同摇摆乐队队员勾搭的女人。又如，bookmobile 原指流动图书馆。依照这一构词法，artmobile（艺术巡回展车）应运而生。英语中的 white-collar worker 原指科室工作人员。由于该词构词新颖，运用同类构词法创造的大量词语应运用而，如 blue-collar worker（体力劳动工人）、gray-collar worker（从事维修保养技术工作的工人）、pink-collar worker（指从业人员多半为妇女的）职业者，如教员、售货员、护士、和文书等）以及 steel-collar worker（机器人）。

Rent party 或称 house-rent party（房租集资舞会）是指 20 世纪 20 年代到 40 年代美国黑人为筹集房租举办的舞会。人们按照这种构词法创造了它的反义词 rent strike，表示房客为了拒付房租而采取的集体抗议行动。20 世纪 70 年代，这一用法在美国被广泛使用，尤其受到大城市青年及大学生的青睐。由于该词构词新颖，人们用它来描述有组织的群体聚会。由此 rent-a-crowd（指为集会、示威游行或政治目的而组织或雇来的人群）、rent-a-mob（指特意雇来寻衅闹事或制造骚乱的人群）等词语便由此而生。

20 世纪 70 年代晚期，美国出现大量具有强烈进取心的实利主义都市青年，他们有着丰厚的收入，在生活中追求物质享受，而且自命不凡。这类青年被称为雅皮士（即 Yuppie，Young Urban Professionals）。

由于这一用法构词新颖，因而深受人们的欢迎，于是在 20 世纪 80 年代，美国社会便大量涌现出以首字母构成的缩写词描述当时特定的生活方式，如：

Buppie（black urban professionals）：黑人雅皮士，即处于地位上

升时期的黑人职业人士。

Yippie(youth international party)：易皮士（青年国际党）

Yeepie(youthful energetic people involved in everything)：逸皮士，指雅皮士的父母。

Yappie(young affluent professional)：耶皮士，指年轻富有的家长。

Woopie(well-off old people)：富皮士，指富有的老年。

Sippie(senior independent pioneers)：夕皮士，指年龄在 55 岁到 80 岁之间、已婚、身体健康、有稳定经济收入的消费者。

Zuppie(zestful upscale people in their prime)：祖皮士，指正当壮年、事业处在上升阶段的人士。

Zippie (zen-inspired propoia pagans)：滋皮士。

Guppie(gay urban professionals)：同性恋雅皮士。

Pippie(Person Inheriting Parent's Property)：指由于战后经济繁荣、私人财产迅速增加、20 世纪 80 年代已届中年的人士开始大量继承父母财产的新阶层。

Rumpie(Rural Upwardly Mobile Professional)：指带有乡村习气，通常在卖掉镇上的小房屋后到乡村买下大块地产，但仍然设法到城市去工作的职业人员。

Tappy(Technologically Advanced Family)：指所有家庭成员包括儿童，都熟悉计算机及文字处理操作的典型中产阶级家庭。

Preppie (Preparatory School 或，简称 prep)：指富有、娇纵、衣冠楚楚的美国预备学校的学生或毕业生。

类比构词法具有很强的能产性。这种构词法能够在短时间内迅速创造出大量的相关词汇，在词法教学中占有相当重要的地位。

19.7 词的对比

与类比构词法相近的是对比构词法（word formation by contrast），即选择两个反义词，按其原有的构词法创造新词的方法。如 brain drain 指的是"人才流失"，使用对比构词法就能造出 brain gain，指"引进人才"。

"文革"期间，与外国有联系的人被指控犯有 foreign devil（里通外国罪）。改革开放之后，走进国门的外国人针对 foreign devil，戏称倡导闭关锁国政策的人犯有闭关锁国罪（domestic devil），其字里行间的幽默无需言表。

人白天受到惊吓，夜间就会做噩梦（nightmare），但白天睡觉做的噩梦又是什么呢？不难推断是 daymare。

有时为了某一特殊需求，相关部门会安装一些热线电话（hot line）供大家联系。用对比法就能造出反义词 cold line。

20 世纪 60 年代，中国达到生育高峰（bay boom）。然而，当时欧洲一些国家正处于生育低谷（baby bust）。

Silicon Valley（硅谷），是美国旧金山以南的一片山谷，为尖端科技生产中心。该词的由来借用了半导体和集成电路的基本原料"硅"而来。由于电子与信息技术给人类生活带来了前所未有的影响，人们把美国亚利桑那州菲尼克斯周围地区称为 Silicon Desert（硅沙漠），将集中了许多宇航、航空、电子和原子能研究所的美国得克萨斯州称为 Silicon Plain（硅平原），将遍设大规模集成电路工厂的日本九州岛称为 Silicon Island（硅岛）。

参考文献

1. Baker，M. 1988. Incorporation. Chicago：University of Chicago Press.

2. Cattell，R. 1984. Syntax and Syntax 17：Composite Predicates Interesting English. Academic Press Australia.

3. Clark，V. E. & H. H. Clark，1979. When nouns surface as verbs. Language. Vol. 55(4)：767-811.

4. Hale，K. & S. J. Keyser，1992. The syntactic character of thematic structure. In I. M. Roca（ed.）Thematic Structure：Its Role in Grammar. Berlin：Foris.

5. Hale，K. & S. J. Keyser，1993. On Argument Structure and the Lexical Expression of Syntactic Realations. In Hale，K. & S. J. Keyser（eds.）The View from the Building 20：Essays in Linguistics in Honour of Sylvain Bromberger. 53-110. Cambridge，Mass：MIT Press.

6. Huang，C. T. James，2008. Unaccusativity, ditransitivity and extra-argumentality. Lecture hondout at Department of Linguistics and Modern Languages，The Chinese University of Hong Kong，10-1-2008.

7. 陈鑫源. 大学英语文化背景词典（College English Dictionary of Culture Notes). 上海：上海交通大学出版社，2000.

8. 何元建. 现代汉语生成语法. 北京：北京大学出版社，2011.

9. 陆国强. 新世纪英语新词语双解词典（The New Century Dictionary of English Neologisms with Chinese Translation). 上海：上海外语教育出版社，2000.

10. 陆谷孙. 英汉大词典（The English-Chinese Dictionary). 上海：上海译文出版社，1993.

11. 汪榕培，卢晓娟. 英语词汇学教程（A Survey of English lexicology). 上海：上海外语教育出版社，1997.

12. 汪榕培. 英语词汇学研究. 上海：上海外语教育出版社，2000.

第20章 语言研究的记忆心理学视角：
词的音、形、义

英语是个以发音为基础的表音文字系统，拟声与客观物体之间具有直接关系，与其他语音理据相比，拟声词具有极高的理据性。

20.1 词的拟声

有一种说法认为，人类语言起源于模拟客观存在物质的各种物理声音，因此而形成的词叫拟声词（也叫象声词，onomatopoeia）。对自然世界物理声音的模仿是指对人发出声音的模拟、对动物声音的模拟以及对自然世界各种物体物理声音的模拟。由于拟声词具有传神、逼真、生动、凝练的特色，因而成为各种语言词汇中独具特色的一部分。

拟声词在自然语言中非常普遍，仅就"笑"而言，各种语言中的相关词汇就构成一个词汇集合，如汉语的"嘿嘿"、"哈哈"、"咯咯"、"扑哧"等都是通过模拟人的笑声生成的字或词。与汉语相比，英语中描述"笑"的单词更多，如 laugh, chortle, chuckle, giggle, guffaw, snicker, sniggle, hee-haw 等，它们各自构成了独立的词项，被广泛应用于口语或书面语中。再如，汉语中描述伤心的词有"呜咽"、"哽咽"、"抽泣"等，英语中有 cry, sob, wail, weep, sniff, snivel whimper, whine, moan, bawl, 或者 howl。人如要声音高亢，只需

"嚎"、"吼"等，用英语则可以 shout，whoop，yell，howl，scream，shriek，bawl，或者 roar。反之，汉语则要"默默"、"唧唧喳喳"、"嘀嘀咕咕"，英语则是 murmur，mutter，mumble，grunt，whisper，buzz，drone，hum，purr 或者 brool。

模拟动物的拟声词几乎俯首皆是，如蜜蜂嗡嗡时是 buzzing，苍蝇嗡嗡时是 humming 或 buzzing，蛇发怒时是 hissing。相比之下，模拟猫儿不同叫声的拟声词很多，如 miaow，miaou，meow 或 mew。如果猫儿高兴，它就会 purr。狗叫时的拟声词也很多，如 wow，bow，arf，woof，ruff，ruff。但模仿狗咬的拟声词则是 bark。随着情绪的变化，狗还会发出 howl，yelp，whine 或 growl 等各种声音。鱼儿欢快时会在水中 flopping，公鸡打鸣时是 crowing，母鸡咯咯时是 clucking，clucking 或 cackling，小鸡叽叽时是 chirping，青蛙呱呱时是 croaking，鸽子咕咕时是 cooing，模拟杜鹃鸟的布谷声就是 cuckooing，鸭子嘎嘎时是 quacking，乌鸦哇哇时是 cawing，老鼠受到攻击就会 squeaking，山羊咩咩时是 bleating，母牛哞哞时是 mooing，马嘶嘶时是 neighing，驴叫时是 hee-hawing，猪哼哼时是 grunting，狗熊叫时是 crunching，狼发怒时是 howling，狮子发怒时是 roaring，老虎发怒时是 growling……还有更多的动物拟声词，其搭配如 beetles drone，birds twitter，bulls bellow，cows low 等。

英语属于表音文字系统，相比之下其拟声词较为丰富。由于拟声词是客观世界动物或物体声音的直接再现，因而与自然世界的关系最为直接。与其他理据相比，拟声词的理据性最强，最直接，最显著。

20.2 词的象形

词的象形有两个内容，一是根据单词的外在形态给予单词一定的释义；二是根据自然人、动物或物体的形态表现用相关词语创造新词,以达到生动刻画其人其物之目的,这对理解其语义、了解英语词汇的发展规律、高效扩充词汇量具有重要的现实意义,因为"记忆的有效性和语词的理据性之间存在一种正向的长程相关,换句话说,理据知识有助于语义材料的自动激活能力的提高,有利于认知主体运用组织化的手段来匹配新信息、激活旧信息,也有利于认知主体自然运用组织策略来组织相关的信息材料,以达到高效识记和高效回忆的目的"(王艾录、司富珍,2002)。

20.2.1　象形字母

英语作为字母体系,对其形态理据的研究主要从构词理据着手,这也是西方语言学家研究词汇的常规方法。但研究表明:少量英语单词不仅可以从构词方面找到理据,从构形方面同样能找到其理据,即象形理据。袁立(2000)以一个中国人的眼光,对英语单词研究后发现,少量英语单词也具有象形理据。如前所述,单词 eye 看上去像是两只眼睛架在鼻梁的两侧,而 bed 则像一张首尾突起的床铺,broom 中的字母 b 像是专门供人手握的扫把把儿。这些象形特征的发现极大地鼓舞了语言学者,他们将英语单词与汉语的象形特征结合起来,运用汉语构词理论解释英语单词,结果发现英语词汇中有许多具有象形特征的语词,如 A-tent(A-型帐篷),V-belt(V-型传输带),X-axis(X-轴),等等,这些单词运用大写字母的象形体,与单词合成后生成新的象形单词,具有生动、形象、直观、简明之特点。由于上述单词构词新颖,该构词方法被众多人采纳和效仿,于是,基于这一构词法创造的大量新词如雨后春笋般应运而生,如 U-turn(U 形弯道),T-shirt(T 恤衫),S-hook(S 形挂钩),V-sign(V 形手势),Y-front(Y 形男士短款)……有些学者甚至将这一发现广泛应用于英语词汇教学,并著书立说,相关成果层出不穷。虽然有些成果的观点及方法在语言学界尚存争议,但在大量的英语学习者中却颇有市场。仅以岳德宇(2003)的《神脑速记英语 4000 词》一书为例,2003 年 1 月 50000 册的订单足以使我国语言学界大跌眼镜。书中作者使用的记忆方法之一就是挖掘英语单词与字母的象形特征达到巧记单词之目的。这种方法足以使正在为记忆英语单词而煞费苦心的英语学习者投去期盼的目光,仿佛捞到一棵救命草,一时间产生强烈的反响,其中的奥秘不得不令人深思。

20.2.2 象形体态

客观世界的变化与人类社会的发展极大地丰富了自然语言,仿照动物的体态创造新词便是一例。例如,我们站在高处俯瞰大地的时候,所看的俯视图被形象地称为 bird's eye view(鸟瞰图)。有趣的是,这一构词法经过延伸之后又创造出了更多的新词语,如将仰视图称为 worm's eye view,将广角图称为 fish-eye view(180°视图)。

现代高科技的发展造就了 20 世纪 70 年代日本研制的高速火车——磁悬浮火车。该机车模仿了子弹头的外形设计,从而使机车在高速行进时最大限度地减少气流阻力。据此,人们按照其外形设计形象地称之为 Bullet train。

大家喜欢的"马铃薯,土豆,洋芋"英语称为 potato。

图 20-1 土豆

由于马铃薯的外形宛如一个呆头呆脑的小脑袋,因而这个单词常常与其他单词合并构成新单词,如与 head 合并,就成 potato-headed,表示"笨蛋,傻瓜"(陆谷孙,1993:1420)之意。而 couch potato 则指整天花大量时间躺在沙发上边看电视边吃垃圾食品的人。可见,上述二词的语义与马铃薯的外形发生联系便不足为奇了。

图 20-2 couch potato

再如,孩子们喜欢的 mouse 原指"小家鼠"(陆谷孙,1993:1175)。随着电脑的出现,它的使用延伸到与电脑相关的电脑附件——"鼠标"(a small device that is moved by hand across a surface to control the

图 20-3　mouse

movement of the CURSOR on a computer screen)[①]上来。人们之所以将它称为 mouse,完全是因为它的外形与又长又细的电脑连线宛若一只活泼可爱的小家鼠在主人的电脑桌上爬来爬去。

图 20-4　mouse potato

伴随着"鼠标"的出现,与 mouse 合并使用的复合词也被仿造出来,如 mouse potato 指那些经常坐在电脑前的电脑迷。

20.3　词的隐喻

词的语义理据是指一个词的意义可以借助词的基本语义、词的背景知识,进行引申而获得。人们不仅可以仿拟动物的体态特征创造大量的新造词,还可以借用具有特定含义的动物名词指称不同类型或不同品质的人物。这样,旧词的语义便在原有的基础上增添了新义,其语义得到了扩大。如 fox(狡猾的人),wolf(凶残的人),ass(愚蠢的人),bear(笨拙的人),chicken(活泼的孩子),lamb(弱势之人),duck(可爱之

---

① http://reader.skybig.net/english2english_dics.php? letter＝mouse.

人)等。这种用法类似修辞格中的隐喻①。含有隐喻的动词还可以进一步转化成动词，表示具有该动物特征的动作，如图 20-5 至图 20-12 所示。

to ape（模仿）：Don't ape the ways of others.

图 20-5　ape 用做动词，表示"模仿"

to dog（尾随）：He dogs me wherever I go.

图 20-6　dog 用做动词，表示"尾随"

---

① 亚里士多德把隐喻定义为"名称的转移"，新修辞学家们将隐喻解释为语义的隐匿与补充。见汪堂家《隐喻诠释学：修辞学与哲学的联姻——从利科的隐喻理论谈起》，http://philosophy.cass.cn/chubanzxyjyjgqml/04/0409/0409011.htm。

to fox（欺骗）：He's got me foxed.

图 20-7　fox 用做动词,表示"欺骗"

to monkey（闲荡）：Don't monkey around.

图 20-8　monkey 用做动词,表示"闲荡"

to parrot（学人说话）：Don't parrot others.

图 20-9　parrot 用做动词,表示"学人说话"

to snail(缓行)：The train snailed up the steep grade.

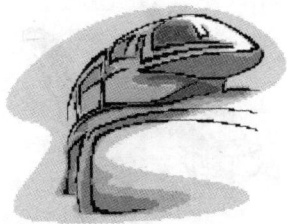

图 20-10　snail 用做动词，表示"蜿蜒爬行"

to wolf(狼吞虎咽)：That boy always wolves down his breakfast.

图 20-11　wolf 用做动词，表示"狼吞虎咽"

to worm(蠕动)：He wormed his small body through the crowd.

图 20-12　worm 用做动词，表示"蠕动"

……

按照物品的特征将物品的名称词直接转化为动词使用是英语词性转化规则之一。如人们熟悉的梭子,英语叫做shuttle。由于它在织布时在旧时使用的织布机上需要不停地穿来穿去,因此,这个词便被形象地用于描述经常参加活动的外交家。20 世纪 70 年代美国前国务卿亨利·基辛格由于忙于谈判经常穿梭于中东各国,他的个人活动也由此被称形象地称为"穿梭外交"(shuttle diplomacy)。这一单词的使用恰到好处地突出"shuttle"频繁穿梭的特征,是对外交官或政治家频繁穿梭于各地,并在敌对方之间进行调停和谈判的活动的生动写照。

图 20-13　shuttle 用做动词,表示"来回穿梭"

参考文献

1. Ayto, J. 2002. Twentieth Century Words. Beijing: Foreign Language Teaching and Research Press.

2. Saussure, F. D. 2001. Course in General Linguistics. Edited and Translated by Roy Harris. Beijing: Foreign Language Teaching and Research Press.

3. 陈鑫源. 大学英语文化背景词典(College English Dictionary of Culture Notes). 上海:上海交通大学出版社,2000.

4. 陆国强. 新世纪英语新词语双解词典(The New Century Dictionary of English Neologisms with Chinese Translation). 上海:上海外语教育出版社,2000.

5. 陆谷孙. 英汉大词典(The English-Chinese Dictionary). 上海:上海译文出版社,1993.

6. 汪榕培,卢晓娟. 英语词汇学教程(A Survey of English lexicology). 上海:上海外语教育出版社,1997.

7. 王艾录,司富珍.语言理据研究.北京:中国社会科学出版社,2002.

8. 袁立.English 说文解字.北京:中国世界语出版社,2000.

9. 岳德宇.神脑速记英语 4000 词.南宁:广西人民出版社,2003.

第 21 章　语言研究的记忆心理学视角:词文化

语言是最重要的符号系统。语言符号不仅是人类重要的交际工具,而且充当社会历史的记载工具。在这一历史进程中,词汇作为语言符号中可以独立使用的最小单位也变得日益壮大。古英语时期(公元 449—1150 年)英语词汇量约有五六万,在以本族语词汇为主体并大量吸收、不断同化外来语的历史发展进程中,如今,英语总词汇量已达 100 万。如果加上各类术语,其词汇量已达到 200 万,而且还在继续增加。这种新词汇递增的迅猛趋势无疑为广大语言学习者尤其是将英语作为第二语言的学习者带来了不小的压力。由于这些新词在现代语言环境尤其是网络语言环境中的出现频率日益增高,如何记住这些单词,或者说在语言实际运用和操作过程中如何处理这些单词,就成了语言学者研究的课题。传统的教学法历来是通过研究词汇的构词方法,以此帮助学习者摸清词汇在构词上的规律。近来许多研究者从记忆心理学视角对词汇的音义结合规律进行了探索,并有了一些很有价值的发现。这些成果无疑为广大语言学习者提供了较为独特的英语单词记忆方法(邓光辉,2003a;2003b),还有的学者借鉴于汉字的象形特征,他们中西合璧,挖掘出许多英语单词的象形特征(袁立,2000)。这些研究对语言学习无疑起到了积极的引导作用。本章将从词文化这个新的视角阐释英语新词汇的产生和发展过程,使学习者了解词汇产生的背后的故事,从而帮助学习者牢记单词。

我们通过考察大量的新词语料以及其产生的渊源,对英语新词的语义理据进行归类,发现语义理据牵涉范围非常广泛,许多新词的产生都有一定的文化背景,我们将它们称为政治事件、社会事件、环境、生活方式、科学技术、信息技术、人类心理等方面的理据。当然,词汇的理据还不止这些。探讨词汇的语义理据将会极大地激发学习者的学习兴趣,激发他们以极大的热情关注英语新词的造词规律,因为每一个新单词的背后都隐藏了一段鲜为人知的故事。

21.1 政治事件

我们在 16.2.1 中讲到美国历史上曾经发生的一桩政治丑闻——水门事件(Watergate)。我们将在本节以 Watergate 为例,看看政治事件如何影响词汇的发展。

如前所述,水门事件曾经轰动一时。但这一政治丑闻带给英语乃至世界各国语言词汇的影响力则远远没有结束。在相当长的一段时间里,英语中以-gate 为后缀表示"丑闻"的新词滋生繁衍,日益增多,如 oilgate(石油门事件)、cattlegate(牲畜门事件)、Billygate(比利门事件)、Debategate(辩论门事件)、Irangate(伊朗门事件)、Zippergate(拉链门事件)等。如今,这些被深深地烙上历史和政治烙印的单词已经进入英语的词汇系统,并不断扩大蔓延。我们从英语新词典中随意翻阅,就能查阅到许多以-gate 为后缀的新词,如:

cookiegate, Contragate, copygate, gibberishgate, Godsgate, Gospelgate, Guinnessgate, harborgate, Heavengate, Inkathagage, Keelgate, Koreagate, Pageantgate, Pearlgate, pseudo-gate, Reagangate, salvationgate, Sewergate, Sharongate, Stargate, sugargate, targate, Totegate, Walk-on-gate 等。

可见,政治事件对词汇具有广泛的影响力。

21.2　历史事件

英语中有许多词语缘于某一历史事件,不过,有些词语经历了历史的演变,如今已被赋予了新义。Marathon 原本是古希腊东南部平原上的一个城镇,相传在这场战役中,使者斐利皮梯斯(Pheilippides)为了传递捷报从马拉松平原跑回雅典,不幸的是,当斐利皮梯斯途中未歇息跑完 42.195 公里回到雅典传送捷报之后,由于劳累过度而当即死去。为了纪念这次战役的胜利和长跑英雄斐利皮梯斯,1896 年,在雅典举行的第一届奥林匹克运动会上特别设立了一项新的竞赛——马拉松赛跑,以纪念这一壮烈的历史事件。

图 21-1　Marathon

由于该项运动全程 42.195 公里,其路途长,且耗时、耗力,该词逐渐演化为"持久性的活动或事件",如"a marathon of autographing some 4000 copies of the first volume of one's memoirs"表达的是在"约 4000 本回忆录第一卷上的持续亲笔签名"。随着历史的发展,该词衍生出新义,表示"漫长的"、"拖拖拉拉"的意思,于是人们开始将没完没了的活动称为"马拉松式"活动,如"a marathon session of 20 hours and 20 minutes"指耗时"20 小时 20 分钟的马拉松式的过程","a marathon debate"表示"一场旷日持久的争论"等。在有些教室里,我们甚至经常会看到"从来不跑马拉松,上课岂能拖拖拉拉"的条幅。由于该词的特殊语义,后来以"-thon"为后缀构成的新词比比皆是,如 Bat-A-Thon, Boobie-Thon; Mouse-A-Thon; Bile-A-Thon;

Joke-A-Thon；Denver Date-A-Thon；Print-A-Thon；Help-A-Thon
以及 Readathon；Blogathon；Bible-thon 等，尽管上述词语有些已寓
以新义。

早在 20 世纪 60 年代，美国爆发了一场由黑人发起的种族解放
运动。该运动的起因是一些黑人到白人的午餐柜台用餐但却遭到拒
绝。为了抗议白人的歧视，他们用静坐（sit-in）等非暴力手段占据白
人管理机构，并采取联合抵制行动，促使实行某项政策，等等。如今，
这一赤裸裸的种族歧视现象虽然已经一去不复返，但这一历史事件
对语言的影响力却是深远的。在 20 世纪 60 年代，以-in 为后缀构成
的复合新词便有了"有组织地抗议（或示威）"之意。

图 21-2　sit-in

（图片来源 http://memory. loc. gov：8081/ammem/aaohtml/OLD/aopart9. html）

后来，人们模仿该词创造了大量的新词，如有些人夜间一直待在
某个公共场所或在那里睡觉，要求使用或占有公地权，这个事件被称
为 sleep-in（静卧示威）。到了 20 世纪 60 年代后期，这一构词法逐渐
在世界蔓延，人们开始将民间相关的抗议活动称为"X-in"，如 work-in
（劳方接管）是指工人为了抗议要关闭的工厂以保持继续在工厂里工

作的示威活动;kneel-in(祈祷示威)指美国黑人为抗议种族歧视进入白人的教堂做礼拜的示威活动;ride-in 指强行乘坐仅供白人乘坐的汽车行为;smoke-in(抽烟聚会)指边抽烟、边聊天、边消遣的非正式社交聚会(有时作为争取吸毒合法化的一种示威)。

再后来,-in 这个词缀逐渐演变为"公开活动",如美国一些电台曾经有档十分流行的听众或观众来电直播节目叫做 phone-in / call-in。这类节目演播时会邀请听众或观众提问或发表意见。由于该节目互动性强,因而深受人们的喜爱。这类节目因制作成本低而成为全球各地广为仿效的节目之一。人们甚至还将系列讲座和讨论或大学生讨论会称之为 teach-in(陆谷孙,1993)。

在现代英语中,以动词加后缀-in 的新构词日渐增多,其含义逐渐丰富,已经演化为无需下车就能出入的"服务设施",如 drive-in movie 表示可供坐在车里观看电影的(露天)设施;drive-in church 指无需下车就能参加礼拜的活动场所;drive-in bank 指无需下车就能存取款的自动存取款机;drive-in restaurant 指无需下车就能用餐的地方……这些设施的建设为生活在"轮子上"的美国人提供了极大便利,同时也减少了不必要的停车,因而深受欢迎。

图 21-3　drive-in movie

(图片来源 http://www.froeks.tv/weblog/froeks-weblog? order=&page=32)

如今，以-in 为后缀创造的新词逐渐褪去其政治色彩，成为"聚会"的代名词，如 sing-in 表示由广大群众参加的合唱节目（大家唱）；eat-in 指晚宴聚会；be-in 指非正式聚会，或由嬉皮士组织/参加的自由活动聚会；love-in 指由颓废派青年参

图 21-4　drive-in bank

加的爱情聚会；cook-in 指烹饪讲座等（陆国强，2003）。

21.3　饮食文化

图 21-5　Hamburger

饮食是人类生活不可缺少的文化，这一特殊的文化现象曾经对语言的发展产生重大影响。

拿大家最为熟悉的 hamburger（汉堡包）来说，它是一种将牛肉糜加洋葱末、鸡蛋等搅拌，压成扁圆形的饼煎炸而成牛肉饼，是波罗的海地区的一种美味菜肴，也是深受德国人喜欢的食品。19 世纪中期在第一次德国移民浪潮中，以 Hamburger 命名的名菜随着德国移民进入美国，并因它的味美价廉、烹饪方便很快就被美国民众普遍接受，成为美国快餐业一道亮丽的风景线。

随着汉堡文化的影响力日益扩大，美国餐饮业曾一度出现汉堡热，由此出现了花样繁多的汉堡，英语词汇中也充斥了大量以-burger 为后缀的新单词　如：beefburger, steakburger, turkeyburger, cheeseburger, fishberger, nutburger, turkeyburger, clam-burger, muttonburger, shrimpburger。既然后缀-burger 表示"加馅面包"，那么"无馅面包"就是 nothingburger。然而，饮食文化带给词汇的影响远没有结束。随着汉堡文化的进一步发展，以-burger 为后缀的复合词不断涌现，以此构成的复合词的语义也在不断演变。如今，nothingburger 已经用来比喻"枯燥无味，徒有虚名，毫无实质内容的东西"了，如 a nothingburger job。

由此可见，饮食文化带给词汇的影响是巨大的。

21.4　商标文化

在当代英美社会中，商业广告已成为社会生活不可缺少的组成部分。由于设计精美的商标能够给消费者留下深刻的印象，所以，利用商标文化创造的词语比比皆是。

众所周知，Coca-cola 是美国可口可乐公司 19 世纪末注册的碳酸饮料的牌子，20 世纪便成了世界上广为人知的国际性产品。然而，人们很少知道，20 年代可口可乐公司为阻止美国 Kola 公司使用 Coke 品牌曾经展开过一场旷日持久的法庭诉讼。诉讼的结果是，最高法院判定可口可乐公司对 Coke 品牌享有独占权。可口可乐公司于 1945 年注册了 Coke 商标。

然而，可口可乐公司并未将 Coca-Cola 的后半部分 Cola 进行注册。这一结果导致后来另一家药品批发商卡雷伯·D. 布兰德汉姆（Caleb D. Bradham）成功地研制、注册并销售了名为百事可乐（Pepsi-Cola）的饮料。

商标作为一种特殊商品，已对人类生活产生重大影响。随着商标品牌知名度的上升，它无时无刻不在丰富着各民族语言。不难想象，商标作为语言新词语的理据已经受到语言学家的广泛关注。

21.5　科学技术文化

人类已进入信息时代，语言作为信息交流的工具和社会变革的记录者，也悄悄发生着快速变化。

如前所述，语言的变化首先反映在词汇的变化上。在新的信息时代，一些反映新事物、新技术、新概念、新思想的词汇将会源源不断地充斥着我们的社会，其来势之凶猛、使用范围之广泛已经令广大词典编纂者措手不及。

1957 年苏联发射了人造卫星（sputnik），这一代表先进生产力的人造卫星一经问世，便受到世界各个领域的瞩目。随后，人们利用-nik后缀创造了无数新词，如：

beatnik	垮了的一代
pescenik	参加反战示威的人
protestnik	对世俗陈规表示厌恶、抗议的人
jazznik	爵士音乐迷
cinenik	电影迷
folknik	民歌迷
peacenik	热爱和平的人士
computernik	电脑迷

随着含有-nik 后缀词的不断扩充，其语义也得到进一步升华，于是 no-goodnik 已经演变为"无用的人"、"饭桶"的意思。

对于新生事物，人们总是有特殊的感情，特别是当人们的生活日益丰富，生活水平逐年提高，在追求新生活、新理念的同时，也无不在追求着语言的新异。如 cyber 是当今信息时代最活跃的英语前缀。20 世纪 80 年代中期以后，电脑的网络化使世界各地的电脑爱好者组成了"cyberspace"，以 cyber-作为词缀的新词数不胜数。

cyberculture：网络文化

cybercrime：网络犯罪

cybercrub：网络黑话

cyberholic：电脑迷

cyberphobia：电脑恐惧症

cyberkids：电脑儿童杂志

cyberpunk：网络叛客

cybersalon：网络沙龙

cybersex：网络性爱

……

随着社会的发展，随着观念的更新，随着新事物、新发明的出现，这些新词语如一股新鲜血液不断注入英语词汇中，使英语词汇增添新的活力、新的生机。

21.6　词汇理据的教学意义

探讨英语新词语的理据对于语言教学有重要的现实意义和深远的历史意义。掌握了词根与词缀，人的词汇量就如同滚雪球一样越滚越多。借助于词缀的基本含义，词汇的理解也会随之提高。同时，由于英语新词绝大部分是在原有旧词的基础上与新词缀复合而成，如果能借助新词中的熟知内容，记忆新词就会变得轻而易举。

参考文献

1. Ayto J. 2002. Twentieth Century Words. Beijing：Foreign Language Teaching and Research Press.

2. Chambers，1998. Chambers English—Essential English Dictionary.

Prentic Hall, Inc. Beijing: Foreign Language Teaching and Research Press.

3. http://www.4dictionary.com

4. Coady J. & Huckin T. 2001. Second Language Vocabulary Acquisition. Shanghai: Shanghai Foreign Education Press.

5. Feng Shimei: 2002. English Lexicology. Beijing: China WaterPower Press.

6. Gerard M. Dalgish, 1997. Random House Webster's Dictionary of American English. Beijing: Foreign Language Teaching and Research Press..

7. Jackson H. 2000. Words, Meaning and Vocabulary: An Introduction to Modern English Lexicology. Trowbridge: The Cromwell Press.

8. Hatch E. & Brown C. 2001. Vocabulary, Semantics and Language Education. Beijing: Foreign Language Teaching And Research Press.

9. Knowles E. & Elliott J. 1998. The Oxford Dictionary of New Words. Oxford, New York: Oxford University Press.

10. Lin Cheng-zhang & Liu Shi-ping, 2005. An Introduction To English Lexicology. Wuhan: Wuhan University Press.

11. Mckean E. 2003. The Oxford Essential Dictionary of New Words. New York: The Berkley Publishing group.

12. Saussure, F. de. 1959. Course in General Linguistics. Bally, C. & Sechehaye, A. (eds.) Baskin, W. (translator), London: Peter Owen Ltd.

13. Schmitt N. & McCarthy M. 2002. Vocabulary: description, Acquisition and Pedagogy, Shanghai: Shanghai Foreign Education Press.

14. Wang De-chun. 1983. Studies in Lexicology. Jinan: Shandong Education Press.

15. 陈鑫源.大学英语文化背景词典.上海:上海交通大学出版社,2000.

16. 邓光辉.百分百大学英语四六级单词速记.上海:上海社会科学院出版社,2003a.

17. 邓光辉.百分百高中英语单词速记.北京:科学技术文献出版社,2003b.

18. 何善芬.英汉语言对比研究.上海:上海外语教育出版社,2002.

19. 胡壮麟.语言学教程（修订版中译本）.北京:北京大学出版社,2002.

20. 李平武.英语词缀与英语派生词.北京:外语教学与研究出版社,2002.

21. 陆谷孙.英汉大词典.上海:上海译文出版社,1993.

22. 陆国强.现代英语词汇学新版.上海:上海外语教育出版社,1999.

23. 陆国强.新世纪英语新词语双解词典.上海:上海外语教育出版社,2003.

24. 汪榕培,卢晓娟.英语词汇学教程.上海:上海外语教育出版社,1997.

25. 汪榕培.英语词汇学研究.上海:上海外语教育出版社,2000.

26. 王艾录,司富珍.语言理据研究.北京:中国社会科学出版社,2002.

27. 袁立.English 说文解字.北京:中国世界语出版社,2000.

后　记

　　2009年秋,我在浙江大学宁波理工学院开始酝酿开设一门以语言学为主导的跨学科课程——"语言、大脑与记忆"。为了引进国际化的教学模式,我们特意邀请了浙江大学神经语言学专家王小潞教授、宁波诺丁汉大学外籍专家 Margret Dowons 博士以及宁波李惠利医院神经内科专家卢苗青主任医师,希望通过引进国外多元化的教学模式,传播最先进的语言学习理念;通过关注西方语言研究中的现代科学技术,使学习者感悟语言研究及应用不仅限于语言本体的狭小圈子;通过讲授大脑与心理健康知识,使学习者学会如何应对常见的大脑/心理问题,如何使我们的大脑朝着更健康的轨道发展;通过讲授语言研究中的现代化技术,使学习者放眼了解世界……

　　从实践教学的效果来看,跨学科专家团队的参与无疑为该课程的教学注入了一股新鲜血液,学习者不仅领略了他们的风范,而且还开阔了眼界,很多未能选上这门课程的学生为能一睹大师的风采而特意赶来上课,大家为此倍感精神振奋。几年的教学实践显示,以公选课"语言、大脑与记忆"为依托、借鉴麻省理工学院(MIT)语言学课程的发展模式开展语言学的跨学科教学与实践、探索跨学科人才培养新模式的做法是一次非常有益的尝试。不久,我的课题——"跨学科语言学课程实践教学研究——来自美国麻省理工学院的启示"获得浙江大学宁波理工学院实践教学教研改革课题立项。三年的教学实践中,我们积累了丰富的教学研究资源,包括 Chomsky 的"语言官能"观、自然语言中的"普遍语法"、脑科学基础、语言缺损案例、失语症案例、记忆心理学理论、英语学习记忆法、语言与心理健康、语言研究与机器翻译、语言研究中的现代化技术等,其目的是尽可能使用最通俗的语言让学习者了解国内外语言学发展的最新动向。我们希望,以公选课为学习平台,将来自各个学科的语言兴趣爱好者聚集起来,希望他们能在语言学习的跨学科实践课堂上尝试一次小小的跨学科合作。虽然我们的实践结果离预期的目标还有一定的距离,但是,这种跨学科教学与实践的模式给同学们留下了极其深刻的印象。最初,我担心该课程会因选课人数较少而开不起来,所以将学生的人数设定为 60 人。当时,我很担心选课人数不多,所以曾在外国语分院做了一些宣传工作,特别希望英语专业的同学能够积极选课。然而,第一轮选课结束后,这一课程的选课人数就爆满。事后与同学私下交流时得知,许多同学因名额有限只好遗憾退出。有了第一年的经历,第二年开课前我们舍去了宣传,结果,选课人数仍然爆满。第三年,我们将选课人数调整到 120 人,在未做任何宣传工作的情况下,选课人数仍然爆满。

当然,在课堂之外,我们几位教师与专家相继开展了许多实质性的跨学科研究合作项目,为这部著作的写作打下良好的基础。

然而,当我开始执笔撰写时却发现这项工作异常艰难。好在我从 MIT 回来时带来了大量的研究及教学资料,加上上述几位专家授课时留下的珍贵资料以及从宁波大学园区图书馆借来的大量参考文献,这本书稿终于能够完稿。感谢 MIT 语言哲学系的 Flynn 教授,她教授的"儿童语言紊乱"课程为我开启了了解失语症、孤独症及阿斯伯格综合征的视野。感谢 MIT 大脑与认知科学系的 Schneider 教授,正是我在 MIT 访问时曾经亲临了他的"大脑结构及其起源"课堂,才对脑结构有了初步认识。感谢哈佛大学语言学系的 Boeckx 教授,上了他的"生物语言学"课,我才对生物语言学这门新学科有了一定的了解。感谢浙江大学语言与认知研究中心的王小潞教授、宁波李惠利医院神经内科专家卢苗青主任医师及宁波诺丁汉大学Margret Dowons博士，他们在我院授课时留下的教学资料为本书稿的撰写提供了最有价值的参考。值得一提的是，Margret Dowons博士连续多年将承担这门课程教学任务的所得酬金无偿捐献给香港成龙爱心基金会。感谢浙江大学宁波理工学院管理分院计算机智能专家张浩澜博士，在他从海外引进的两年里，我们完成并继续合作着许多研究项目。我还要特别感谢浙江大学宁波理工学院外国语分院的丁旭老师，是她在"语言、大脑与记忆"这门选修课中与我一道走来……

如今，当书稿的尘埃落定，我终于可以起身暂时"逃避"堆积如山的书房和给予我无限快乐但又同时使我饱受颈背之痛的电脑。今年的宁波历经了史上最长的连阴天。望着窗外久违的阳光，我情不自禁地来到阳台。透过玻璃窗，我看到几个三五岁的小孩在妈妈、奶奶的呵护下玩耍……周围的生活一切如故，我的研究仍要持续……

吴会芹

2012 年 6 月

于宁波鄞州高教园区